LE DERNIER CRIME D'AGATHA CHRISTIE

CHRISTOPHER CARTER

LES ENQUÊTES
DE LORD PERCIVAL

LE DERNIER CRIME D'AGATHA CHRISTIE

roman

LE GRAND LIVRE DU MOIS

ISBN 2-7028-2676-8

Arracher de sa base une montagne
avec la pointe d'une aiguille est plus facile
qu'extirper de son cœur la vanité.

ABU HÂCHIM

1.

Abou était un grand et magnifique Nubien, haut de deux mètres dix, au visage grave et au torse puissant. À sa seule vue, les touristes qui résidaient à l'hôtel Old Cataract d'Assouan, en Haute-Égypte, étaient époustouflés. Découvrir la noblesse d'un géant surgi du fond de l'Afrique leur offrait un souvenir inoubliable. On s'écartait sur son passage et Abou, qui n'était qu'un serviteur, attirait le respect de tous.

Le Nubien était fier de ses origines et de sa culture. Depuis l'aube de l'humanité, son peuple avait su s'adapter aux conditions imposées par le soleil ardent, la crue du Nil et l'appétit vorace du désert, toujours avide d'engloutir les parcelles de terre conquises par le labeur de l'homme.

Mais les temps avaient changé, et dans le mauvais sens. La Nubie avait été méprisée, opprimée, engloutie, et les fils de ce pays sublime avaient été obligés de s'expatrier pour survivre.

Abou avait trouvé un emploi à l'Old Cataract, un hôtel particulièrement prisé par les touristes britanniques qui y avaient créé une atmosphère élégante et feutrée, digne d'accueillir des compétitions de bridge avec des personnes de qualité.

Construit en 1899, l'Old Cataract demeurait l'un des fleurons d'Assouan, la grande cité du sud de l'Égypte, qui succombait chaque jour davantage aux assauts du modernisme et de l'industrie. Le vieil établissement à la façade rouge pâle et aux angles moulurés avec soin avait abrité un nombre considérable de personnalités désireuses de découvrir l'Égypte tout en jouissant d'un confort à l'européenne. Qui n'avait pas rêvé d'ouvrir sa fenêtre face au Nil que faisait scintiller le dieu Râ, ressuscité au matin après avoir vaincu les ténèbres ?

Mais si les pyramides et les temples avaient triomphé du temps, ce n'était pas le cas de l'Old Cataract. Malgré sa qualité d'origine, la robinetterie avait vieilli, les couleurs des peintures s'étaient éteintes, et l'ensemble du vénérable palace avait accusé son âge.

Et il avait fallu prendre une décision longtemps contestée par les nostalgiques du passé : remettre l'établissement au goût du jour, ce qui impliquait une dramatique période de fermeture.

Bien entendu, quelques privilégiés avaient encore la possibilité de prendre le thé sur la terrasse couverte où l'on s'asseyait avec nonchalance sur des fauteuils en osier pour contempler le coucher du soleil, tels ces habitués qui goûtaient ce moment exceptionnel, des égyptologues venus se reposer là après une dure journée consacrée à d'érudites recherches sur le terrain.

La plupart d'entre eux apparaissaient à Abou comme des personnages prétentieux, imbus d'un savoir artificiel qui leur bouchait les yeux et le cœur. Mais le Nubien se gardait d'exprimer son opinion à ces Occidentaux trop persuadés de leur supériorité.

Et justement, en cette fin d'après-midi, il y avait à l'Old Cataract six représentants de l'étrange espèce des égyptologues, quatre hommes et deux femmes, sans compter un autre type d'amateur d'antiquités, Abdel-Mossoul, le digne héritier d'une famille de pillards et de receleurs. Ils papotaient, gâchaient la parole et semblaient même se lancer quelques piques. Toute leur science ne leur donnait guère de sagesse.

On avait confié à Abou une tâche jugée importante, et il s'y consacrerait avec son sérieux habituel. C'est pourquoi le Nubien monta lentement au troisième étage de l'Old Cataract dont les couloirs venaient d'être repeints. Dans moins d'un mois, des touristes émerveillés y circuleraient de nouveau, évoquant l'excursion de la veille et attendant avec impatience celle du lendemain. Ils « faisaient » l'Égypte au pas de course, oubliant trop souvent de goûter son principal parfum, celui de l'éternité.

Au troisième étage, une chambre célèbre entre toutes : celle de la romancière anglaise Agatha Christie. Abou n'avait lu aucun de ses romans, mais avait entendu dire que cette dame très convenable s'était enrichie en assassinant des dizaines de malheureux. En vérité, une curieuse manière de gagner sa vie.

Il revenait à Abou de préparer la rénovation de l'appartement occupé par la reine du crime lorsqu'elle avait séjourné à Assouan. Il comprenait la chambre proprement dite, un salon, un bureau et une salle de bains. Avec ses fenêtres donnant sur l'île d'Éléphantine et le temple du dieu-bélier Khnoum qui fabriquait sans cesse le monde et les humains sur son tour de potier, ce domaine était un véritable paradis pour un écrivain. En profitant ainsi d'une vue incomparable, cette dame Christie avait eu beaucoup de chance et aurait dû avoir, d'après Abou, d'autres pensées que criminelles.

Ce passé plutôt infamant était sur le point de disparaître, puisque cet appartement serait rénové et purifié de toutes les mauvaises pensées nées dans le cerveau de l'auteur de romans policiers. Adieu à la vieille baignoire, au lit à baldaquin, aux gravures évoquant la campagne anglaise, pluvieuse et brumeuse ! Les goûts des touristes changeaient, et il fallait leur offrir un nouveau confort.

Abou poussa la porte du domaine d'Agatha Christie.

Aussitôt, son instinct l'avertit qu'il se passait quelque chose d'anormal. Le malheur avait frappé, il était encore présent.

Le Nubien hésita à entrer.

De l'index de la main droite, Abou toucha l'amulette qu'il portait au cou, un petit crocodile en faïence que lui avait légué son arrière-grand-père.

Retrouvant son courage, Abou s'aventura dans la chambre silencieuse où tout paraissait normal. Le Nubien s'immobilisa quelques instants, son malaise ne se dissipa pas. Il tourna la tête vers la salle de bains, dont la porte était entrouverte puis, à l'opposé, vers le bureau.

Des chaussures.

Des chaussures, un pantalon.

Abou avança à pas lents vers le bureau et découvrit un homme allongé sur le ventre. Un homme qui ne se relèverait plus jamais, car il avait un couteau planté dans le dos.

2.

Il pleuvait sur l'Écosse, sauf sur Spring Island, une île perdue qui bénéficiait d'un exceptionnel microclimat. Cachée au fond d'un loch dont les eaux étaient presque aussi chaudes que celles de la Méditerranée grâce à une résurgence du Gulf Stream, Spring Island était le cœur d'un vaste domaine appartenant à l'un des plus vieux clans écossais, celui de Kilvanock, dont le dernier survivant, Lord Percival, habitait toujours Lonecastle, le château de granit bâti sur le promontoire central de l'île.

Un peu avant midi, comme chaque jour, Nestor Pwryctswll, le majordome gallois âgé de soixante-dix ans et régnant sur la maisonnée avec une poigne de fer, apportait à Lord Percival un verre de porto Noval Nacional 1931, provenant des vignes du haut Douro dans lesquelles l'aristocrate possédait quelques hectares.

Le majordome gallois trouva Lord Percival dans son immense bibliothèque qui ressemblait à la galerie des Glaces du château de Versailles, avec quelques centaines de milliers de volumes en plus. Tous les grands auteurs de la littérature mondiale y sommeillaient en paix, mais le véritable centre d'intérêt du propriétaire des lieux était la criminologie. Il avait rassemblé la quasi-totalité des études et des recherches sur les multiples aspects de l'activité criminelle de l'espèce humaine, à l'imagination inépuisable.

Pourtant, Lord Percival, qui se contentait de ce simple titre bien que l'énoncé de ses quartiers de noblesse occupât une page entière, était un quadragénaire paisible, d'une élégance souveraine, ressemblant à l'acteur Alec Guinness. Quelques rides charmeuses ornaient son large front, rappelant qu'il avait traversé de redoutables épreuves et que la sérénité se payait au prix fort. L'œil était malicieux et perçant, et l'on sentait un esprit en perpétuelle recherche.

En pénétrant dans la bibliothèque, le majordome entendit un souffle rauque puis vit passer un chevalier qui s'engouffra dans un mur. « Mauvais présage », pensa le Gallois ; lorsque le fantôme de Lonecastle se manifestait, les ennuis approchaient. Redresseur de torts et détective privé avant la lettre, le malheureux avait été assassiné par un brigand français et ne s'en était jamais remis. De temps à autre, il rappelait à Lord Percival qu'il était l'ultime descendant authentique des chevaliers de la Table ronde et que la devise de son blason affirmait : « Rétablir la vérité, c'est participer à l'harmonie. »

— Votre porto, Lord Percival.

— Merci, Nestor. Posez-le sur la console.

— Je viens de voir le fantôme, Lord Percival.

Les yeux bleu outremer de l'aristocrate fixèrent le majordome.

— Ah... Un incident s'est-il produit, ce matin ?

— Apparemment non. Le temps est resté superbe, et aucun importun n'a téléphoné.

Le châtelain savoura l'admirable porto, puis emprunta un escalier en colimaçon pour monter au sommet d'une tour crénelée d'où il contempla son domaine.

Au pied du château, des pelouses ornées de vasques dédiées aux ancêtres du clan, un bassin entouré de rocailles et de buis taillés, et un plan d'eau destiné aux oiseaux migrateurs. Au loin, des landes et des forêts de frênes peuplées de sangliers, de faisans, de cerfs et d'écureuils roux, et survolées par des aigles. Là vivaient des fées et des elfes qui habitaient les arbres et les ruisseaux, sans oublier les *kelpies,* les génies du loch aux eaux chaudes dans lesquelles Lord Percival nageait chaque jour.

Quelle chance et quel bonheur de vivre dans ce paradis, loin d'un monde de plus en plus laid et de plus en plus bruyant ! Ici, le ciel et la terre possédaient encore la pureté des premiers âges et, dans la puissance du vent, se transmettaient les paroles des aïeux dont certains, à dire vrai, avaient été de rudes gaillards.

Un bruit caractéristique alerta Lord Percival : on grimpait rapidement l'escalier.

C'était Abercrombie, un chien noir issu d'un croisement de berger écossais, de labrador et de quelques autres races tout aussi robustes. Il ne répondait qu'à son nom complet et non à un quelconque diminutif trop familier du type « Abie », et refusait obstinément de séjourner dans la grande niche chauffée et confortable que le châtelain lui avait offerte. Ces deux travers exceptés, Abercrombie était un confident et un allié irréprochable, démontrant quotidiennement l'exactitude de la profonde maxime d'un philosophe étranger : « Ce qu'il y a de meilleur en l'homme, c'est le chien. »

Abercrombie se dressa sur ses pattes arrière et, posant les pattes avant sur un créneau, contempla l'admirable paysage en compagnie de Lord Percival.

— Magnifique, n'est-ce pas ? Tout à l'heure, nous irons voir Lady Ophelia.

Le chien noir grogna d'aise.

L'avenir immédiat se présentait donc comme une longue promenade à travers la lande, jusqu'au manoir de la fiancée de Lord Percival, avec laquelle il ne pouvait malheureusement pas se marier, car la jeune femme appartenait à un clan rival que les Kilvanock avaient juré d'exterminer. Et un noble écossais n'avait qu'une parole, même si elle avait été donnée par l'un de ses ancêtres, douze siècles auparavant.

Lord Percival finançait secrètement la clinique de sa fiancée qui y soignait des animaux en voie de disparition, blessés par des chasseurs criminels ; sa meilleure assistante, Margaret, un éléphant femelle d'Asie, y vivait en bonne intelligence avec Charles, un pélican des Antilles.

— Lord Percival, Lord Percival !

La voix suave qui lançait cet appel au secours appartenait à Dorothea Pettigrew, une jeune Anglaise et à l'impeccable chignon, secrétaire particulière du châtelain qui lui accordait une totale confiance pour la gestion de ses biens. Miss Pettigrew était l'honnêteté personnifiée et une remarquable spécialiste des placements financiers ; grâce à elle, la fortune de Lord Percival ne cessait de s'accroître, et la belle Dorothea aurait pu se faire engager dans n'importe quelle grande banque d'affaires. Mais c'était ici, à Lonecastle, qu'elle désirait vivre, malgré la haine farouche qu'elle vouait au majordome.

Essoufflée, Miss Pettigrew brandissait une lettre.

— Lord Percival...

— Reprenez-vous, Dorothea ; qu'y a-t-il de si grave ?

— C'est horrible... horrible !

Comprenant que le fantôme ne s'était pas manifesté pour rien et que sa secrétaire ne parviendrait pas à lire la missive, le châtelain s'en empara.

Interloqué, il la lut et la relut.

Tétanisée, la secrétaire vit son patron blêmir.

— Faites préparer mes valises et demandez au mécanicien de vérifier l'hélicoptère. Je pars pour Londres.

Lui, l'expert en criminologie, se trouvait confronté à une réalité qu'il n'avait jamais envisagée sous une forme aussi brutale.

La fatalité n'allait-elle pas le contraindre à passer de la théorie à la pratique ?

3.

D'aucuns surnommaient « Falstaff » le chef superintendant Angus Dodson en raison de sa corpulence et de son impressionnante carrure. Fils d'un mineur de Newcastle et d'une épicière, il avait commencé comme simple bobby à Scotland Yard avant de devenir l'un des piliers de la plus célèbre police du monde. Angus Dodson appartenait à la vieille école qui estimait que les criminels étaient des criminels et les honnêtes gens des honnêtes gens. Pour lui, serrer la main d'un assassin s'apparentait à un délit, et il n'avait aucune estime pour les intellectuels qui tentaient de démontrer la beauté d'un crime.

Grand amateur de bière forte et de gâteaux à la crème, célibataire endurci, adepte de la bicyclette qui lui permettait de garder une certaine ligne et de circuler plus rapidement dans les rues de Londres, Dodson avait l'habitude de mener ses enquêtes criminelles tambour battant et ses interrogatoires sans complaisance pour les suspects. Le Yard avait pour mission de faire régner l'ordre, d'arrêter les malfaiteurs et de protéger les innocents ; Dodson, même s'il était le dernier dinosaure, demeurerait intraitable sur ces principes.

Étant donné ses brillants états de service, Angus Dodson avait obtenu l'autorisation d'abriter dans son bureau Sherlock, un magnifique persan à la robe délicatement bleutée ; il dormait sur le radiateur, à l'abri d'une plante grasse suffisamment robuste pour résister à l'air conditionné et aux milliards de microbes qu'il véhiculait. Sherlock était un chat paisible, d'une propreté hors de tout soupçon et capable, à l'occasion, de griffer un dossier mal ficelé que le chef superintendant prenait soin de réexaminer avant de le remettre à la justice.

Un planton frappa à la porte du bureau.

— Entrez.

— Quelqu'un voudrait vous parler, chef.

Dodson consulta son agenda. Il avait épuisé ses rendez-vous de la journée.

— Qu'il revienne demain à neuf heures.

— Il a beaucoup insisté, chef... Voici sa carte.

Angus Dodson jeta un œil sur le bristol où le nom de Lord Percival Kilvanock était suivi d'une kyrielle de titres plus impressionnants les uns que les autres.

Le policier consulta un registre de la noblesse du Royaume-Uni, complété d'annotations confidentielles, et il s'aperçut que son visiteur n'était pas n'importe qui. Cet aristocrate écossais, outre sa respectable fortune, avait des relations haut placées et même ses entrées à Buckingham Palace. Lorsque la reine prenait ses vacances d'été à Balmoral, elle lui accordait régulièrement des audiences privées, et on l'avait vu discuter avec la souveraine lors de la promenade des chiens royaux.

— Faites-le entrer, céda Dodson, redoutant que cet entretien ne fût le début d'une succession d'ennuis.

Lord Percival était habillé d'un costume gris perle d'une rare élégance. La chemise blanc cassé sur mesure, le nœud papillon d'un vert pâle presque irréel et les chaussures « pied tournant » de chez Lobb composaient une silhouette d'une telle distinction que nul ne pouvait douter de son appartenance à une vieille noblesse.

Pourtant, nul dédain dans le regard, mais quelques rides charmeuses et un abord chaleureux. Dodson sut que l'Écossais ne venait pas l'importuner pour des broutilles.

— Heureux de vous rencontrer, superintendant. Je suppose que vous avez pris le temps de vous renseigner sur ma modeste personne ?

— Eh bien...

Sherlock, le chat persan, descendit avec souplesse de son radiateur et sauta sur les genoux de Lord Percival. Dès que ce dernier le caressa, Sherlock ronronna comme s'il connaissait le visiteur de longue date.

Le châtelain apprécia le confort douillet du bureau d'Angus Dodson : fauteuils Regency, un canapé usé à point, une longue table de ferme, un vieux meuble en citronnier pour y ranger ses dossiers et un tronc de chêne vitrifié pour y poser l'ordinateur, le fax et les téléphones.

— Vous savez donc, superintendant, que la criminologie est ma distraction préférée, sans doute en raison d'antécédents familiaux. Mais aujourd'hui, c'est le présent qui me rattrape.

Dodson frémit.

— Vous... Vous n'avez pas commis un crime ?

— Rassurez-vous. Mais quelqu'un en a commis un qu'il espère parfait.

— Et... Vous avez identifié l'assassin ?

— Pour le moment, je ne connais que le nom de la victime. Lisez vous-même.

Lord Percival donna au chef superintendant la lettre qui avait troublé son univers de paix et de sérénité. Angus Dodson la lut à haute voix.

Monsieur,

Votre ami Howard Langton vient d'être assassiné à Assouan.

Ou bien on maquillera le crime en accident, ou bien on trouvera un faux coupable.

À vous de jouer.

— Ce Langton est-il réellement l'un de vos amis ? questionna Dodson.

— Un jeune homme courageux, mais pauvre, que j'ai aidé à terminer ses études parce que son père, l'un de mes fermiers, était décédé prématurément. Howard est devenu un égyptologue très brillant, et il venait de partir pour l'Égypte afin d'y occuper le poste de superviseur des fouilles archéologiques britanniques.

— Cette lettre pourrait être une plaisanterie.

— Elle ne l'est pas. J'ai réussi à joindre les autorités d'Assouan : la mort d'Howard Langton m'a été confirmée, mais en termes si confus, si volontairement confus, que j'ai tendance à croire l'auteur de cette lettre anonyme.

— C'est désolant, Lord Percival, mais je ne vois pas ce que pourrait faire Scotland Yard... L'Égypte doit bien avoir une police.

— Voyez-vous, superintendant, j'estime devoir remplir un devoir sacré envers Howard : identifier son assassin. Au fond, mon passé m'a préparé à cette épreuve, et j'entends l'affronter sans faiblir.

— Sauf votre respect, Lord Percival, vous n'êtes pas un professionnel !

— Belle occasion de le devenir. Et j'ai besoin de l'aide d'un homme expérimenté : vous-même.

Angus Dodson se leva, furibond.

— Je n'ai pas le droit d'empiéter sur les prérogatives de la police égyptienne !

— En effet, mais vous avez le droit de collaborer avec elle... et avec moi.

— Il faudra d'interminables discussions administratives pour...

— Ce petit détail vient d'être réglé par le Foreign Office qui connaît l'efficacité du bakchich. Vous et moi sommes donc officiellement attendus.

— Mais... J'ignore tout de cet endroit !

— Moi, je le connais un peu et je vous assure que notre tâche ne s'annonce pas facile. C'est pourquoi j'ai fait appel au superintendant le plus obstiné de Scotland Yard.

— Mes supérieurs ne m'autoriseront pas à...

— Votre ordre de mission est signé. Il ne vous reste plus qu'à faire vos bagages, nous partons demain matin. Merci de votre collaboration spontanée, superintendant ; je n'en attendais pas moins de vous.

4.

La température de l'hiver égyptien dépassait celle de l'été anglais, mais le spectacle était fascinant.

Depuis sa chambre de l'hôtel Old Cataract, inaccessible aux touristes jusqu'à l'achèvement total des réfections en cours, Lord Percival redécouvrait Assouan et de délicieux souvenirs lui revenaient en mémoire. Il avait vécu ici des bonheurs qui façonnent une vie d'homme et lui donnent un sens. La séduisante cité du Sud avait malheureusement été enlaidie par des bâtiments modernes dont aucun pharaon n'aurait autorisé la construction, mais ses charmes majeurs réjouissaient toujours le regard.

Les vestiges de l'île d'Éléphantine et les tombeaux de la rive ouest rappelaient la grandeur des temps anciens. La vision du sable doré et des palmiers au vert enchanteur apaisait l'âme, et celle du Nil, sur lequel voguaient doucement des felouques à la grande voile blanche, abolissait le modernisme pour ancrer la pensée dans l'éternité.

Lord Percival eût souhaité se comporter en simple touriste, dépourvu de tout souci et laissant son regard errer avec ravissement sur les merveilles de l'île aux fleurs ou les colonnes du temple de Philae, le domaine d'Isis, la grande magicienne.

Mais le crime avait frappé en ces lieux paisibles, et Lord Percival devait trouver au plus vite l'assassin.

On frappa à la porte de sa chambre.

— Entrez, Dodson.

Le superintendant occupait la chambre voisine de celle de l'Écossais. Les autorités égyptiennes avaient offert aux deux enquêteurs britanniques ce lieu de résidence privilégié pour manifester leur bonne volonté.

— Quelle chaleur, se plaignit Dodson, et quelle poussière ! Il faudrait balayer ce pays de fond en comble. Par bonheur, nous n'aurons pas à nous en occuper. L'assassin d'Howard Langton a été identifié et arrêté. Nous avons rendez-vous avec le commissaire principal d'Assouan pour mettre un point final à cette affaire.

Les deux hommes empruntèrent l'une des dernières calèches léguées par les Anglais pour se déplacer avec élégance en bordure du Nil. Lord Percival demanda au cocher, un vieil Égyptien édenté et souriant, de ne pas fouetter son cheval et de le laisser galoper à son rythme, sans forcer l'allure.

Dodson fut étonné.

— Vous parlez arabe, Lord Percival ?

— Très peu, superintendant. Juste le nécessaire pour se débrouiller dans les situations critiques.

Le commissariat central d'Assouan était fort différent des locaux de Scotland Yard, et le superintendant se demanda si le cocher ne s'était pas trompé d'adresse. Mais un quinquagénaire à la panse rebondie vint au-devant des deux Britanniques, avec un large sourire.

— Heureux de vous accueillir à Assouan, messieurs ! Je suis Omar Abdel-Atif, commissaire principal, et je vous invite à vous désaltérer dans mon café préféré.

De la sciure sur le sol, des tables en bois, des hommes fumant la pipe à eau, lisant le journal ou jouant aux dominos. Aucune femme.

— Vous désirez sans doute un thé ? proposa l'Égyptien. Je suis vraiment très honoré d'avoir pour hôtes deux hautes personnalités comme les vôtres. Je ferai tout pour que votre séjour parmi nous vous donne toute satisfaction.

— Un café local fera fort bien l'affaire, monsieur Abdel-Atif.

Le breuvage fut servi très chaud et non sucré. Dodson eût préféré un bon vieux whisky écossais et goûta avec circonspection.

— Comment trouvez-vous Assouan, messieurs ?

— L'Égypte n'est-elle pas le plus beau pays du monde ? interrogea Lord Percival.

— Merci de le reconnaître, Lord Percival... Par chance, vous allez pouvoir profiter de quelques jours de vacances et apprécier la douceur de cette période.

— Vous avez donc mené une enquête rapide.

— Oh, ce n'était pas bien difficile et j'ai eu de la chance ! Vous dégusterez bien une petite pâtisserie ? Il y en a de délicieuses, ici.

Dodson n'apprécia guère les « cheveux d'ange » qui ne manquaient pourtant pas d'onctuosité ; mais ils ne valaient pas un bon apple-pie arrosé d'une pinte de bière brune. Quant à Lord Percival, il pensait que le commissaire Abdel-Atif était une fine mouche. Alors que les présentations n'avaient pas été faites, il semblait parfaitement le connaître, ainsi que Dodson, parce qu'il avait étudié avec soin les dossiers concernant ses deux hôtes britanniques.

— Qui est l'assassin ? demanda Lord Percival.

— Sans importance, rétorqua assez sèchement Omar Abdel-Atif. L'affaire est close, c'est tout ce qui compte. La police d'Assouan a fait un excellent travail et l'assassin de votre compatriote sera jugé et châtié. Chez nous, on est sévère pour les criminels.

— Toutes nos félicitations, commissaire. Mais le superintendant et moi-même aimerions en savoir un peu plus. Simple curiosité professionnelle qu'un enquêteur de votre qualité comprendra aisément.

Le visage de l'Égyptien se ferma.

— Vous n'avez pas confiance en moi ?

— Bien sûr que si, affirma l'Écossais, mais nous avons reçu des instructions précises. Howard Langton était une personnalité de premier plan et...

— C'est bien ce que je pense : vous n'avez pas confiance en moi.

Lord Percival regarda l'Égyptien avec un bon sourire.

— Supposez que vous soyez à notre place, commissaire Abdel-Atif : n'auriez-vous pas les mêmes exigences ? Elles n'impliquent pas que Scotland Yard soit supérieur à la police d'Assouan, mais elles sont simplement professionnelles et, plus simplement encore, humaines. Auriez-vous admis d'entreprendre un si long voyage, souhaité par votre gouvernement et votre administration, sans même voir l'assassin ?

Le policier égyptien se gratta le front.

— Bon, bon... Vu sous cet angle, vous n'avez pas tout à fait tort. Mais je vous préviens : c'est une brute dangereuse.

— Nous savons que votre protection sera efficace.

— Comme tous les assassins, il niera être coupable. Surtout, ne vous laissez pas prendre à son jeu.

— Nous avons l'habitude, commissaire. Aucun meurtrier ne nous facilite la tâche.

— Je dois ajouter qu'il s'agit d'un Nubien, précisa Abdel-Atif, crispé. Il appartient à une tribu particulièrement vindicative et dangereuse. Si vous renonciez à subir l'épreuve d'une telle rencontre, je ne vous le reprocherais pas.

— Vos mises en garde sont fort précieuses, reconnut Lord Percival, et nous en tiendrons le plus grand compte. Quand pourrons-nous nous entretenir avec l'assassin ?

Abdel-Atif consulta un calepin, comme un grand patron surchargé de rendez-vous.

— Disons... demain, en fin de matinée.

— Pourrais-je vous demander une immense faveur, commissaire ?

Abdel-Atif considéra Lord Percival avec suspicion. Cet étranger avait quelque chose d'oriental. Avec sa voix posée et son calme imperturbable, il fascinait et envoûtait.

— Dites toujours...

— Ne croyez-vous pas qu'il serait bon de rencontrer l'assassin sur les lieux mêmes du crime ? Il sera tellement impressionné qu'il dira toute la vérité, dans ses moindres détails.

— Excellente idée, approuva Dodson. Je suis persuadé que c'était celle de notre collègue égyptien.

— Entendu, messieurs, entendu...

— À demain, cher commissaire, dit Lord Percival, radieux. Nous allons profiter de ces quelques heures de temps libre pour faire un peu de tourisme.

S'habituant mal au climat, Dodson avait préféré se retirer dans sa chambre d'hôtel pour rattraper un retard de sommeil.

Dans son impeccable costume blanc, Lord Percival avait exploré les rues d'Assouan, aussitôt suivi par une cohorte de gamins avides de bakchichs. Quand ils s'étaient aperçus que l'étranger parlait leur langue, le téléphone arabe avait fonctionné avec son efficacité habituelle, et plus personne n'avait importuné le promeneur qui revivait des souvenirs de jeunesse.

Et ce fut le coucher de soleil qui dora les collines et argenta le Nil, avant que l'astre disparaisse dans un foisonnement de rouges sombres et d'orangés, pendant que les voiles blanches des felouques glissaient dans la pénombre.

Lord Percival ne l'apprécia pas à sa juste valeur, car il songeait au malheureux Howard Langton et se demandait s'il parviendrait à identifier l'assassin et l'auteur de la lettre anonyme.

5.

Après avoir dormi d'un sommeil agité, le superintendant Angus Dodson se leva du pied gauche, persuadé qu'il était en retard pour se rendre à son bureau de Scotland Yard.

Le rayon de soleil qui illuminait sa chambre dissipa le cauchemar. En Égypte... Oui, il était bien en Égypte. Et, en ouvrant ses volets, il vit le soleil se lever sur les collines d'Assouan.

Sa montre indiquait sept heures dix, l'air était frais. L'esprit encore embrumé, Angus Dodson descendit d'un pas lourd vers la terrasse où était servi le petit déjeuner.

Lord Percival s'y trouvait déjà, vêtu d'un costume blanc immaculé.

— Avez-vous bien dormi, mon cher Dodson ?

— Plus ou moins...

— Asseyez-vous et appréciez le spectacle. Je vous ai fait préparer un breakfast tout à fait traditionnel que vous pourrez déguster avec confiance.

Cette attention toucha le superintendant qui commençait à avoir vraiment faim.

— Il ne faut manquer l'aube égyptienne sous aucun prétexte, poursuivit l'Écossais. C'est le moment où la lumière proclame sa victoire sur les ténèbres et se manifeste sous la forme d'un nouveau soleil qui fait renaître la création entière. La vieille philosophie égyptienne n'a pas fini de nous surprendre.

Les toasts, la marmelade d'oranges, les tranches de bacon et les saucisses grillées furent du goût de Dodson qui mangea d'un bel appétit.

— J'ai beaucoup pensé à vous, Lord Percival, et j'estime que cette enquête pourrait être dangereuse. N'oubliez pas que vous avez reçu une lettre anonyme et que son auteur pourrait avoir l'intention de vous tendre un piège.

— L'hypothèse n'est pas à exclure, superintendant.

— Je suis satisfait de constater que vous vous montrez raisonnable. Il vaudrait mieux que vous restiez à l'hôtel et que vous laissiez faire les professionnels. Je ne connais pas ce pays, c'est entendu, mais un meurtre est un meurtre, et le commissaire local acceptera bien de collaborer.

— Si je tombais dans un piège, ne seriez-vous pas là pour me défendre ?

— Il s'agit d'une véritable affaire criminelle, Lord Percival, et vous pourriez vous mordre les doigts d'y avoir mis les pieds.

L'Écossais ne releva pas la formule saisissante du chef superintendant, car un Égyptien de petite taille, à la peau à peine hâlée, portant de grosses lunettes aux montures d'écaille et tenant une lourde mallette noire, s'approchait d'eux.

Lord Percival se leva.

— Quel bonheur de vous revoir, docteur Boutros ! Je vous présente le chef superintendant Angus Dodson, de Scotland Yard.

Le petit homme, au costume marron plutôt sévère, serra la main de l'Anglais.

Dodson se sentit brusquement inquiet. Puisqu'il ne souffrait d'aucune maladie, pourquoi Lord Percival avait-il convoqué un médecin ?

Ce dernier perçut le trouble de l'Anglais.

— Rassurez-vous, superintendant. Je suis médecin légiste.

— Notre grand ami, le commissaire Abdel-Atif, ne semble pas avoir fait examiner le cadavre de Langton avec toute la minutie nécessaire, expliqua Lord Percival. Comme il voulait se débarrasser au plus vite de cette affaire, il a confié le corps du malheureux jeune homme à un praticien moins expérimenté que le docteur Boutros dont la réputation n'est plus à établir.

— Abdel-Atif va être furieux !

— C'est probable, mais il ne prendra pas le risque d'éconduire brutalement un savant de l'envergure du docteur Boutros. Et un véritable examen du cadavre peut se révéler fort utile.

En l'absence du commissaire Abdel-Atif, retenu ailleurs pour des raisons administratives prioritaires, la discussion fut des plus serrées. Son adjoint direct ne connaissait pas le docteur Boutros, et il fallut passer un certain nombre de coups de fil dans des ministères cairotes pour que la situation se débloque.

Enfin débuta la valse des tampons qui se levèrent en cadence pour s'abattre avec énergie sur des piles de paperasses plus ou moins contradictoires qui iraient s'entasser sur d'autres piles de paperasses. Il y avait bien des ordinateurs en état de marche, mais rien ne remplacerait jamais le coup de tampon décisif.

Par autorisation spéciale, le docteur Boutros était admis à examiner le cadavre d'Howard Langton et, si nécessaire, à pratiquer une nouvelle autopsie.

Le docteur Boutros, Lord Percival et le chef superintendant Dodson se retrouvèrent à la terrasse de l'Old Cataract.

— Cas classique, estima le docteur Boutros. Langton est mort d'un coup de poignard dans le dos, assené avec une rare violence.

— Donc, plutôt un homme, avança Angus Dodson.

— Une femme haineuse en aurait été capable, superintendant. La rage donne une force inimaginable, même à des individus d'apparence fragile. Pour le reste, mon collègue d'Assouan semble avoir plutôt bien travaillé. En Égypte, nous avons tout de même la spécialité des momies...

Amusé par sa propre plaisanterie, le légiste, qui était copte, but le whisky écossais qui lui avait été servi, ainsi qu'à Dodson, et le jugea excellent.

— Certes, reprit-il, il manque quelques détails, notamment une heure plus précise de la mort.

— Pensez-vous pouvoir l'obtenir ? interrogea Lord Percival.

— Trois flacons remplis de prélèvements partent aujourd'hui pour le meilleur laboratoire du Caire. Dès que j'aurai obtenu les résultats de l'analyse, je vous les communiquerai.

— Merci de votre aide précieuse, mon cher Boutros. J'aimais beaucoup Howard Langton et je veux que l'assassin soit identifié.

— Dieu vous entende, Lord Percival. À bientôt.

Pendant que le légiste s'éloignait, Angus Dodson commençait à comprendre pourquoi tant de Britanniques aimaient passer l'hiver à Assouan et résider à l'Old Cataract. Malgré la chaleur et l'omniprésence du soleil, s'imposait peu à peu une douceur de vivre qui s'emparait insidieusement de l'âme et du corps.

La sérénité du Nil, la grandeur qui émanait des rochers de l'île d'Éléphantine que les anciens avaient sacralisée en y bâtissant des temples, le bleu absolu du ciel faisaient presque oublier au superintendant son bureau douillet de Scotland Yard.

L'arrivée d'un groupe de policiers nerveux, apostrophés par le commissaire Abdel-Atif, brisa la rêverie.

Des hommes en uniforme encadraient un géant noir, menottes au poignet, qui les toisait avec mépris.

Abdel-Atif se précipita au-devant de Lord Percival.

— Voilà notre coupable... Je vous préviens à nouveau, il est dangereux et imprévisible.

Le Nubien et l'aristocrate se regardèrent, également surpris. Lord Percival par la noblesse d'Abou, Abou par la force paisible de l'étranger.

— Je crois que c'est suffisant, estima le commissaire égyptien. Vous avez vu ce que vous vouliez voir.

— Nous devrions aller sur les lieux du crime, proposa Angus Dodson.

— C'est inutile, ce Nubien ne vous dira rien.

L'Écossais s'approcha du géant.

— Je suis Lord Percival, et voici le superintendant Dodson. Acceptez-vous de répondre à nos questions ?

Le silence qui suivit parut interminable.

— Mon nom est Abou, et je dirai ce que j'ai à dire.

6.

— Vous êtes donc prêt à nous aider ? demanda Lord Percival à Abou.

— Que la paix soit sur Votre Présence, dit le Nubien.

— Que la paix soit sur vous, ainsi que la miséricorde de Dieu et ses bienfaits.

Le regard du Nubien témoigna de sa reconnaissance.

— Votre Présence, déclara-t-il avec calme et fermeté, je suis employé à l'hôtel Old Cataract depuis plus de dix ans et je n'ai assassiné personne.

Ces paroles déclenchèrent la fureur du commissaire Omar Abdel-Atif.

— Cesse de mentir, Abou ! Tu as été pris en flagrant délit !

— Inexact. C'est moi qui ai découvert le cadavre, c'est moi qui ai alerté la police, et c'est moi qu'on accuse pour éviter de rechercher le véritable assassin. La prochaine fois que je croiserai le chemin d'un cadavre, je m'éloignerai au plus vite.

— Pourriez-vous nous donner votre version des événements ? demanda Lord Percival.

— Nous perdons notre temps, estima le commissaire Abdel-Atif. Il vaudrait mieux reconduire ce criminel en prison !

Le Nubien tendit ses mains menottées vers l'Égyptien.

— Omar, sois au moins sincère : tu m'as fait ça pour te débarrasser au plus vite d'une sale affaire qui te dépasse et risque de te causer de gros ennuis. Au fond, tu es un brave homme, mais tu as peur de tes supérieurs. Tu sais très bien que je ne suis pas coupable. Laisse faire cet étranger : il découvrira la vérité et toi, tu dormiras tranquille.

Omar Abdel-Atif était comme pétrifié. La bouche entrouverte, il ne parvenait plus à articuler le moindre mot. Les policiers en uniforme regardaient ailleurs.

— Tous ici, nous recherchons la vérité, affirma Lord Percival ; si vous avez menti, monsieur Abou, nous finirons par le savoir.

« Monsieur Abou... » Jamais le Nubien n'avait joui d'un tel qualificatif. Bien qu'entravé, il se sentit presque libre. Alors qu'il s'était préparé au pire, il avait une chance de s'en sortir. Lui qui n'était guère bavard et qui n'aimait pas parler des autres allait dire à cet étranger venu du froid et de la brume tout ce qu'il savait.

— Allons nous installer sur la terrasse, proposa Lord Percival.

Abou était stupéfait.

Jamais il n'avait imaginé s'asseoir un jour dans l'un de ces fauteuils confortables où la plupart des touristes s'affalaient pour siroter une boisson fraîche en échangeant des propos futiles.

Comme assommé, le commissaire Abdel-Atif suivit le mouvement. L'Égyptien, le Nubien et les deux Britanniques se retrouvèrent assis autour d'une table ronde sous le regard éberlué des policiers en uniforme.

Le moment était d'une douceur incomparable. Les jeux de lumière sur le Nil et les rochers de l'île d'Éléphantine faisaient songer à un monde disparu où l'harmonie était la règle de vie.

— Votre Présence, commença Abou, j'avais été appelé à l'hôtel pour y remplir une fonction bien précise : préparer la rénovation de la suite d'Agatha Christie. Il fallait qu'elle fût de nouveau comme neuve dans moins d'un mois, ce qui me paraissait tout à fait utopique.

— L'hôtel était donc fermé aux touristes ?

— Oui, Votre Présence. Mais des hôtes privilégiés avaient été admis sur la terrasse pour y prendre l'apéritif ou le thé. Lorsque je suis entré dans l'hôtel, à la fin de l'après-midi, il y avait sept personnes sur la terrasse.

— Les avez-vous identifiées ?

— Quand on travaille dans l'hôtellerie de luxe, Votre Présence, il vaut mieux être physionomiste. J'ai reconnu l'inspecteur des Antiquités Ahmed al-Fostat et quatre égyptologues. Deux femmes, l'Allemande Mme Strauss et la Française Mme Abletout, et deux hommes, l'Anglais M. Faxmore et le Français M. Glotoni. Il y avait également un autre Européen vêtu de noir et au nez en forme de bec d'aigle que je n'avais jamais vu, et Abd el-Mossoul, le chef d'une riche famille du Sud.

— Un personnage intéressé par l'égyptologie ?

— Disons... Par les antiquités en général.

— Avez-vous eu l'occasion de fréquenter ces égyptologues ?

— Je ne les ai aperçus que de loin, Votre Présence, quand ils venaient à l'hôtel. Et ils ne fréquentent pas les domestiques.

— Vous ne semblez guère les apprécier, monsieur Abou.

— Ils ont leur vie, j'ai la mienne. Ils travaillent ici quelques semaines chaque année, et je ne suis pas certain qu'ils aiment vraiment l'Égypte.

Le commissaire Abdel-Atif sortit de sa torpeur.

— Ton opinion n'intéresse personne, Abou ! Seuls les faits ont de l'importance. Si tu bavardes à tort et à travers, je te fais mettre au cachot !

— C'est moi qui mène cet interrogatoire de façon maladroite, s'excusa Lord Percival ; M. Abou n'est nullement responsable.

Désarmé, le policier égyptien se renfrogna. Lord Percival s'adressa au géant nubien, impassible.

— Continuez votre récit, je vous prie.

— Je suis monté au troisième étage, dit Abou, et j'ai poussé la porte de la suite d'Agatha Christie, cette étrange personne qui gagnait sa vie avec la mort d'autrui. Aussitôt, j'ai senti qu'il y avait eu un drame. L'endroit était oppressant. J'ai touché mon amulette pour ne pas être frappé par le mauvais œil, mais j'ai réagi trop tard. J'étais déjà entré dans le domaine du malheur. Pendant quelques instants, j'ai cru que je me trompais, mais j'ai aperçu le cadavre, dans le bureau, un couteau planté dans le dos.

— Avez-vous touché à quelque chose ?

— Non, Votre Présence.

— Avez-vous remarqué un détail insolite ?

— J'étais tellement choqué que j'ai perdu tout sens de l'observation... Je suis sorti de la pièce à reculons et je me suis rendu au poste de police pour signaler ma sinistre découverte. Immédiatement, sans même m'entendre, on m'a accusé du meurtre et jeté en prison.

Le commissaire Abdel-Atif brandit le poing.

— Ça suffit, Abou ! Tu ferais mieux d'avouer !

Le Nubien soutint le regard du policier.

— J'ai dit la vérité et tu le sais. À présent, cherchez le coupable. Tant qu'il ne sera pas identifié, l'âme du mort ne connaîtra pas la paix. Howard Langton est l'un des rares égyptologues qui m'a adressé la parole pour que je lui parle de mon pays, de sa beauté, de ses traditions... Howard Langton était quelqu'un de bien, ni un pillard ni un prétentieux. C'est sans doute la raison pour laquelle on l'a tué.

7.

Lord Percival regarda le commissaire Abdel-Atif droit dans les yeux.

— J'ai trois requêtes à vous présenter : d'abord, examiner moi-même les lieux du drame ; ensuite, voir l'arme du crime ; enfin, qu'Abou soit emprisonné dans les moins mauvaises conditions possibles, puisqu'il n'est que suspect.

La gorge du superintendant Dodson se dessécha. En règle générale, un policier n'aimait pas être apostrophé de cette manière.

L'Écossais et l'Égyptien se défièrent longuement du regard. Le commissaire Abdel-Atif céda le premier.

— Entendu, entendu... Allez-y, la suite d'Agatha Christie vous est ouverte.

— Et pour mes deux autres requêtes ?

— Accordé, accordé ! Pour le moment, je raccompagne Abou à la prison.

Jetant un regard en coin à ce châtelain qui le médusait, le commissaire ne rudoya pas le Nubien.

Ce n'est pas sans émotion que Lord Percival monta les marches de l'escalier monumental qui aboutissait au palier sur lequel donnait la porte de la suite d'Agatha Christie lorsqu'elle résidait à l'Old Cataract. Amie de l'égyptologue Stephen Glanville, elle avait visité le pays des pharaons en 1931, avec son mari Max Mallowan, et rencontré Howard Carter, le découvreur de la tombe de Toutankhamon. L'Égypte avait tellement fasciné la reine du crime qu'elle avait écrit une pièce de théâtre consacrée au pharaon Akhénaton et à la reine Néfertiti, sans oublier Toutankhamon en personne.

La romancière avait eu une imagination pharaonique, puisque sa pièce ne comptait pas moins de vingt-deux rôles principaux, complétés par une jolie masse de rôles secondaires. Aussi *Akhénaton* n'avait-il pas été représenté, cédant la place à Hercule Poirot.

Lord Percival devait oublier la magie de l'Old Cataract pour découvrir la piste d'un assassin qui avait insulté, sans doute involontairement, la mémoire d'Agatha Christie.

La suite de l'écrivain était demeurée intacte.

Le salon, le lit à baldaquin, le bureau, la bibliothèque, le meuble de toilette avec le broc et le pot de chambre, les petites marches pour monter vers les lieux d'aisance, les gravures discrètes évoquant les moutons, la brume et la campagne anglaise, et ces merveilleuses fenêtres qui s'ouvraient sur le Nil et l'île d'Éléphantine...

Le superintendant Dodson, qui avait suivi Lord Percival avec difficulté, le rejoignit et respecta son silence, face à cette suite qui ressemblait presque à un musée.

L'Écossais se déplaça à la manière d'un félin, souple et léger, comme s'il ne voulait laisser aucune trace de son passage. Dodson le regarda procéder à une fouille minutieuse et patiente.

— Remarquable, commenta-t-il lorsqu'elle fut terminée. Vous ressemblez de plus en plus à un professionnel, Lord Percival.

— Malheureusement, le domaine d'Agatha Christie est resté muet, et il ne m'a fourni aucun indice.

Le commissaire Omar Abdel-Atif posa sur son bureau un extraordinaire poignard.

Avec sa lame de fer et son manche en cristal de roche, il ne pouvait passer inaperçu.

— Eh oui, dit Abdel-Atif en brandissant le poignard sous les yeux de Lord Percival et de Dodson, voici l'arme du crime ! Pas banale, hein ? On jurerait une dague antique... Prenez-là, messieurs. Vous verrez, c'est du solide !

Lord Percival mania l'arme avec précaution, comme s'il s'agissait d'un objet fragile.

— Cette arme paraît ancienne, en effet.

Abdel-Atif fut intrigué.

— Ancienne... jusqu'à quel point ?

— Si je ne m'abuse, ce poignard ressemble trait pour trait à celui du trésor de Toutankhamon.

L'Égyptien sursauta.

— Vous plaisantez, j'espère ?

— Je ne possède que de médiocres connaissances en égyptologie, avoua l'Écossais, mais je ne pense pas me tromper.

— Si je vous suis bien, Lord Percival, l'assassin aurait volé le poignard de Toutankhamon dans sa vitrine du musée du Caire pour le planter dans le dos du malheureux égyptologue Howard Langton... C'est complètement invraisemblable ! Le trésor de Toutankhamon est gardé jour et nuit, aucun voleur ne peut s'en approcher !

— Auriez-vous néanmoins l'amabilité de vérifier ?

— C'est grotesque ! Mais puisque vous insistez...

Le commissaire Abdel-Atif décrocha son téléphone.

Il lui fallut une bonne dizaine de tentatives pour obtenir un responsable technique présent dans son bureau du musée, qui le mit en attente avant de le passer à un autre responsable, lequel se déclara incompétent et raccrocha.

Furieux, Abdel-Atif rappela le musée et passa ses nerfs sur le premier correspondant venu en menaçant de l'envoyer derrière les barreaux. La menace fut efficace. Une petite demi-heure plus tard, le commissaire réussit à obtenir l'un des adjoints de l'un des assistants de l'un des conservateurs.

Sans s'encombrer de formules de politesse, le commissaire lui ordonna de vérifier sur-le-champ si le poignard de Toutankhamon se trouvait toujours dans sa vitrine.

Le technicien discuta un petit quart d'heure pour la forme, expliquant qu'il n'avait pas de personnel sous la main et qu'il ne pouvait pas se déplacer lui-même en raison des responsabilités écrasantes qui pesaient sur ses épaules. Quand Abdel-Atif recommença à s'énerver sérieusement, le technicien finit par céder.

Il fallut attendre de nouveau, et l'on servit aux Britanniques du café et du karkadé, une boisson rafraîchissante à base d'hibiscus. Irrité, Abdel-Atif classait et reclassait les mêmes papiers couverts de tampons.

— Où résidait Howard Langton ? demanda Lord Percival.

— Dans une petite villa, proche du centre de la ville.

— Avez-vous eu le temps de procéder à une fouille approfondie ?

— Eh bien...

— Puis-je vous décharger de cette tâche pénible, cher commissaire ?

Omar Abdel-Atif se renfrogna. Au fond, pourquoi pas ? Cette fouille n'apporterait probablement aucun élément décisif, et le commissaire avait envie de faire une bonne sieste.

— Allez-y, messieurs... L'un de mes hommes vous conduira. Bien entendu, vous me ferez un rapport circonstancié.

Le téléphone sonna enfin. Abdel-Atif décrocha.

— Oui, c'est moi... Sûr de sûr ? Parfait !

L'Égyptien raccrocha sèchement, un large sourire aux lèvres.

— Votre hypothèse était inexacte, Lord Percival. Le poignard de Toutankhamon est toujours à sa place.

8.

Le vent était doux, l'air d'une exceptionnelle pureté. La tête couverte d'un chapeau blanc à large bord, Lord Percival pénétra dans la petite maison blanche où avait résidé Howard Langton. Essoufflé, Angus Dodson suivit l'Écossais avec peine. La poussière, la chaleur, le soleil, l'odeur forte des villes d'Orient où se mêlent parfums et senteurs moins nobles... Le superintendant regrettait les trottoirs mouillés de Londres et le confort de son bureau moderne. Si le commissaire Abdel-Atif avait raison, si le géant nubien était l'assassin, l'épreuve serait de courte durée.

Murs nus passés à la chaux, sol carrelé couvert de tapis d'une facture sommaire, mobilier en bois blanc... L'intérieur de la petite villa prouvait que l'égyptologue anglais venait à peine de s'installer dans son nouveau domaine et qu'il n'avait pas encore eu le temps d'y apporter sa touche personnelle.

Dans le salon, des piles de livres techniques : dictionnaires d'hiéroglyphes, dont le fameux *Wörterbuch*, égyptien-allemand, manuels d'archéologie, rapports de fouilles, études sur les divinités et revues spécialisées comme le *Journal of Egyptian Archaeology* ou la *Zeitschrift für ägyptische Sprache*. Et puis des milliers de fiches rangées avec soin dans des boîtes en carton.

Lord Percival en consulta quelques-unes.

— Qu'est-ce que vous espérez découvrir ? demanda le superintendant.

— Voilà déjà un point d'acquis : Howard Langton était un égyptologue érudit et qualifié.

— Ce n'est pas toujours le cas ?

— Dans ce métier-là comme dans certains autres, les passe-droits et les relations comptent souvent davantage que la compétence. En l'occurrence, aucun doute possible : Langton possédait les qualifications requises, et il avait une solide expérience, tant dans le domaine de l'écriture hiéroglyphique que dans celui de l'archéologie.

Sur un petit bureau, des stylos, des carnets de notes et un texte hiéroglyphique écrit de la main du défunt.

Lord Percival se pencha longuement sur le document.

— Curieux, estima-t-il.

— Vous... Vous lisez les hiéroglyphes ? s'étonna Dodson.

— Comme un simple amateur. Un vieil érudit d'Eton m'a appris les rudiments et fait connaître les textes principaux. Celui-là est célèbre : il s'agit du chapitre 6 du *Livre des morts*.

— Que raconte-t-il ?

— Si le mort était requis pour effectuer des travaux dans l'au-delà, cultiver les champs ou irriguer les rives, il faisait appel à une figurine magique que l'on appelle un « répondant » et qui s'animait magiquement pour travailler à sa place.

— Ce texte bien connu, vous le trouvez pourtant curieux !

— Pas le texte lui-même, mais un mot écrit et souligné par Langton : *Attention !*

— Qu'est-ce que ça signifie ?

— Peut-être une remarque sans importance, peut-être un indice significatif... Continuons notre exploration.

C'est dans la petite chambre, sous une lampe de chevet, que Lord Percival découvrit une feuille de papier pliée en quatre et portant la mention : *stopper Abd el-Mossoul.*

— Cet Abd el-Mossoul n'était visiblement pas un ami de Langton, jugea le superintendant ; mais pourquoi a-t-il dissimulé ainsi ce feuillet ?

— Soit parce qu'il avait l'intention de détailler son plan de combat, soit parce que c'était le début d'un message qu'il comptait envoyer à quelqu'un. De toute évidence, il n'a pas eu le temps d'aller plus loin.

— Il faudra recueillir un maximum d'informations sur ce personnage : Abd el-Mossoul devient notre premier suspect.

— Oublieriez-vous Abou ? interrogea l'Écossais avec un léger sourire.

— Non, bien sûr que non ! Mais il peut avoir bénéficié d'une complicité.

Avec attention et persévérance, Lord Percival et Angus Dodson continuèrent leur fouille. Et c'est dans la salle d'eau sommaire, où l'eau ne coulait que quelques heures par jour, que l'Écossais s'attarda sur une jarre ancienne, posée entre le blaireau et le bol de mousse à raser.

— Une antiquité authentique ?

— Une poterie moderne sans valeur artistique, mais bien fabriquée, jugea Lord Percival qui huma le contenu du récipient et versa un peu du liquide dans un verre.

— Vous n'allez quand même pas boire ça...

— Il faut bien prendre quelques risques.

— Je ne crois pas du tout à la malédiction des pharaons, Lord Percival, mais ils étaient quand même experts en poison, et...

La mise en garde du superintendant fut inutile, l'Écossais but une gorgée.

— C'est bien ce que je pensais : pas fameux. Vous voulez goûter, superintendant ?

Le Yard ne recula pas, Dodson goûta le breuvage à son tour.

— Mais... C'est de la mauvaise bière !

— C'est le moins que l'on puisse dire. Elle est tout juste comestible.

Sur le socle de la jarre, une petite inscription gravée en profondeur : *Scottish Brewer.*

— Une insulte à l'Écosse, jugea le châtelain. Vous devriez téléphoner au Yard, superintendant, pour que l'on trouve la trace de cette entreprise, si elle existe.

Lord Percival s'intéressa de nouveau au matériel scientifique d'Howard Langton et le consulta longuement.

— Je ne savais pas qu'Howard était un homme aussi secret.

— Pourquoi cette conclusion ? demanda Dodson.

— Parce que le nouveau directeur d'un centre archéologique aurait dû développer un projet précis et le formuler par écrit. L'absence d'un ou de plusieurs dossiers relatifs à un tel projet est surprenante, voire anormale.

Le superintendant fronça les sourcils.

— Il existe une explication simple : l'assassin a volé ces documents parce que, d'une façon ou d'une autre, ils révélaient son identité.

— C'est exactement mon avis, et il les a même détruits. En ce cas, Abou ne saurait être le coupable.

Si l'hypothèse était la bonne, elle navrait Angus Dodson. Dans quel guêpier était-il tombé, si loin de l'Angleterre ? Même s'il ne voulait pas trop entendre la petite voix qui lui affirmait qu'il se trouvait aux prises avec un assassin redoutable, le superintendant ne renoncerait pas.

— Recommençons à fouiller cette maison, décida Lord Percival, infatigable.

Avec un maximum de minutie, les deux hommes scrutèrent la moindre parcelle du dernier domicile de l'égyptologue Howard Langton, mais sans aucun succès.

9.

Le commissaire Abdel-Atif affichait sa mine des mauvais jours.

— J'ai lu et relu votre rapport, superintendant, mais je n'en tire pas les mêmes conclusions que vous. Il n'existe aucune preuve formelle pour innocenter Abou !

— Et aucune preuve pour l'accuser, rappela Lord Percival.

L'Égyptien alluma une cigarette et l'écrasa aussitôt dans un cendrier rempli de mégots.

— Nous sommes tous des professionnels honnêtes et consciencieux, mais est-il bien nécessaire d'inventer des mystères là où il n'y en a pas ? Abou est un Nubien, et les Nubiens sont têtus. Il finira bien par avouer.

— Les faits sont têtus, eux aussi, déclara Dodson avec gravité. Mon cher collègue, nous devons approfondir notre enquête.

Abdel-Atif poussa un profond soupir.

— C'est bien ce que je craignais... Vous disposiez d'une vérité simple, évidente, et il vous en faut une autre ! Et si vous vous trompiez, comme pour l'arme du crime ?

— Justement, intervint l'Écossais d'une voix douce, j'aimerais qu'un expert, en l'occurrence l'inspecteur des Antiquités Ahmed al-Fostat, y jette un œil.

— Mais... Pour quelle raison ?

— N'est-il pas nécessaire d'en savoir un peu plus sur cette dague ?

— Nous savons déjà l'essentiel : c'est l'arme qui a tué Langton.

La conscience professionnelle de Dodson se révolta.

— Avez-vous fait rechercher d'éventuelles empreintes ?

— Bien entendu, superintendant... Mais cette arme est passée de main en main, et Abou a certainement essuyé le manche dans ses vêtements. De ce côté-là, rien à espérer.

Dodson retint un accès de colère.

— Appelez l'inspecteur al-Fostat, voulez-vous ? insista Lord Percival.

Le policier égyptien aurait voulu résister à son interlocuteur, mais cet étranger à l'élégance raffinée, au front duquel ne perlait pas la moindre goutte de sueur, continuait à l'hypnotiser.

Aussi décrocha-t-il le téléphone.

Âgé d'une quarantaine d'années, l'inspecteur des Antiquités Ahmed al-Fostat était petit, nerveux et irritable. Le visage, couleur cacao, était un curieux compromis entre celui d'un bourgeois cairote et celui d'un paysan du Sud. Le nez proéminent, les yeux minuscules et inquisiteurs, les lèvres épaisses, presque chauve, le fonctionnaire n'inspirait pas la sympathie. Avec sa chemise blanche immaculée et son pantalon noir plutôt froissé, il était imbu de ses pouvoirs et de son autorité, et tenait à ce que chacun le sût d'emblée.

— Pourquoi me dérangez-vous, commissaire ? demanda-t-il, hargneux, sans jeter un œil aux deux étrangers.

— Pour une expertise.

— Remplissez un formulaire, adressez-le à ma direction et attendez sa réponse.

— Heureux de vous rencontrer, monsieur al-Fostat, dit l'Écossais, aimable. À dire vrai, nous avons un besoin plutôt urgent de vos conseils éclairés dans une affaire grave qui concerne à la fois l'Égypte et l'Angleterre. Mais je suis impardonnable ! J'ai oublié de nous présenter. Je suis Lord Percival Kilvanock et voici mon collègue, le chef superintendant Angus Dodson, de Scotland Yard.

Ahmed al-Fostat consulta du regard le commissaire Abdel-Atif qui haussa les épaules pour lui faire comprendre que c'était ainsi et que personne ne pouvait rien y changer.

— Nous sommes ici chez nous, déclara l'inspecteur des Antiquités d'une voix grinçante, et nous ne sommes plus depuis longtemps une colonie anglaise. Je n'ai donc aucun ordre à recevoir de Scotland Yard.

— Nous aurions besoin d'un conseil d'expert, dit l'Écossais avec calme, car, dans le domaine archéologique, nous sommes incompétents. Vous pourriez nous aider d'une manière efficace.

— Et pourquoi le ferais-je ?

— Parce qu'il s'agit d'un crime.

L'inspecteur des Antiquités fit la moue.

— Ah... Et qui est la victime ?

— L'égyptologue Howard Langton.

Un sourire faillit s'esquisser sur les lèvres d'Ahmed-al-Fostat.

— Tiens... Le nouveau grand chef de la mission archéologique anglaise ! Il n'aura pas vécu en Égypte bien longtemps, le pauvre... Triste destin. Au nom de ses collègues égyptiens et du Service des Antiquités, je vous présente mes condoléances. Je suppose que notre police recherche activement l'assassin.

— Nous l'avons peut-être trouvé, intervint le commissaire Abdel-Atif.

— Puis-je connaître son nom ?

— Abou, un Nubien qui travaille à l'hôtel Old Cataract.

L'archéologue eut un regard méchant et méprisant.

— C'est sûrement lui !

— Auriez-vous une preuve ? demanda Angus Dodson.

— Un Nubien est capable de tout. Il faut se méfier de ces gens-là ; depuis toujours, ce sont des voleurs et des assassins.

— Le connaissez-vous personnellement ? interrogea l'Écossais.

— Bien sûr que non ! Je ne fréquente pas ce genre de dévoyés.

— Auriez-vous l'obligeance d'examiner cette arme ?

Lord Percival désigna le poignard posé sur le bureau du commissaire Abdel-Atif. Ahmed al-Fostat y jeta un regard dégoûté, puis le soupesa.

— Que voulez-vous que je vous dise ?

— De quelle dynastie date ce poignard ?

L'archéologue éclata de rire.

— Vous ne connaissez vraiment rien à l'égyptologie, Lord Percival ! Ce poignard est un faux grossier, une imitation malhabile de celui qui fait partie des trésors de Toutankhamon. Vous pourriez l'acquérir pour deux livres sterling s'il n'avait pas servi à commettre un meurtre. Ce genre d'objet plaît beaucoup aux touristes un peu niais qui se laissent berner par les faussaires professionnels dont les fabriques tournent à plein régime.

— N'y a-t-il pas des hiéroglyphes à la base de la lame ?

— Le faussaire a gravé n'importe quoi... C'est souvent le défaut de ce genre d'objet.

— On dirait un I, un T ou un N...

Ahmed al-Fostat considéra l'Écossais avec méfiance.

— Vous lisez les hiéroglyphes ?

— Si peu... Mais on vend partout des cartes postales et même de petites règles comportant l'alphabet hiéroglyphique, et je croyais avoir reconnu trois lettres.

— Elles sont si grossièrement gravées qu'on pourrait lire n'importe quoi ! Si vous voulez que je vous débarrasse de cette horreur, commissaire...

— Il s'agit d'un indice majeur, intervint Dodson, choqué. Il doit rester entre les mains de la police.

— Pourrais-je vous demander un service tout à fait personnel ? interrogea Lord Percival.

Les lèvres épaisses d'Ahmed al-Fostat se serrèrent.

— De quoi s'agit-il ?

— J'ai souvent entendu parler du nilomètre d'Assouan. M'accorderez-vous l'immense privilège de m'expliquer à quoi il servait ?

10.

Pendant que les vestiges de l'antique temple de Khnoum continuaient à sommeiller sous le soleil d'hiver, hantés par la présence du dieu-bélier, seigneur de la cataracte et maître de la crue, Lord Percival et Ahmed al-Fostat empruntèrent une felouque pour aborder à l'île d'Éléphantine, au petit débarcadère du musée.

Avec son style inimitable, mi-colonial, mi-laotien, le modeste musée d'Assouan était, en réalité, la villa de William Wellicocks, ingénieur anglais qui avait conçu le premier barrage, au nom d'un progrès dont l'Écossais était l'un des rares à condamner les méfaits. Un barrage inauguré en 1902, en présence du duc de Connaught et de Winston Churchill. On pouvait envier ce Wellicocks qui, du haut de sa véranda à présent occupée par des sarcophages, jouissait d'un superbe paysage dont le Nil était le souverain incontesté.

À quelques pas de la demeure environnée d'arbustes, le fameux nilomètre se présentait sous la forme d'un escalier de pierre creusé dans la roche et aboutissant au fleuve.

— Vous êtes extrêmement aimable de distraire ainsi un peu de votre temps si précieux, dit Lord Percival à Ahmed al-Fostat, renfermé et hostile. Grâce à vous, je serai un peu moins ignorant.

L'inspecteur des Antiquités prit un air important.

— Le géographe grec Strabon expliquait que des signes étaient gravés dans la pierre pour marquer la hauteur qu'atteignaient les eaux de la crue. Au fur et à mesure des années se formait ainsi une véritable mémoire des inondations.

— Pouvait-on faire des prévisions ?

— Les techniciens des pharaons s'y risquaient, en effet.

— La vie est pleine de risques, monsieur al-Fostat. Lorsque vous vous êtes rendu à l'hôtel Old Cataract, la semaine passée, vous ignoriez que la mort rôdait. Peut-être l'assassin se trouvait-il parmi le petit cercle d'hôtes privilégiés admis sur la terrasse.

Ahmed al-Fostat s'immobilisa sur la première marche de l'escalier du nilomètre.

— Que cherchez-vous exactement, Lord Percival ? Vous savez bien que le coupable est ce maudit Nubien !

— Des éléments concrets tendent à prouver le contraire.

— Des éléments... sérieux ?

— Nous les considérons comme tels. Que pensiez-vous de la victime, Howard Langton ?

L'Égyptien descendit une marche. Quatre-vingt-dix conduisaient au Nil.

— Je n'en pensais rien. Je ne l'ai jamais rencontré.

— Étant donné sa position, il aurait dû vous contacter.

Ahmed al-Fostat eut un sourire ironique.

— La plupart des Anglais sont prétentieux et distants... Alors, un chef de mission archéologique se préoccuper d'un simple inspecteur local... Il a peut-être eu tort, notez bien.

— Que voulez-vous dire ?

— Rien... Rien de précis.

Très lentement, les deux hommes continuèrent à descendre.

— Le jour du crime, rappela Lord Percival, vous vous trouviez sur la terrasse de l'Old Cataract pour une réunion que je suppose... amicale.

— De simples mondanités, en effet.

— Avec un hôte plutôt étrange... Abd el-Mossoul. N'a-t-il pas une réputation... sulfureuse ?

— Vous croyez être bien informé, Lord Percival ! Abd el-Mossoul était bien présent, mais vos sous-entendus sont passés de mode. Mon compatriote a commis quelques erreurs dans le passé, mais les temps ont bien changé ! Ne croyez pas tout ce qu'on raconte ! La légende d'Abd el-Mossoul n'est qu'une légende.

L'Écossais fixa des traits gravés dans la roche par les hydrologues de Pharaon. Ils évoquaient des temps heureux où la crue, comparée à un jeune homme amoureux bondissant à la conquête des rives, fécondait la terre noire d'Égypte et nourrissait ses habitants en déposant sur le sol un limon fertile.

— Mme Albertine Abletout s'est-elle montrée plus aimable avec vous que les archéologues britanniques ?

Ahmed al-Fostat réagit vivement.

— Cette personne a visiblement le goût du spectacle ! Elle n'est pas seulement égyptologue, mais aussi comédienne. Son seul sujet d'intérêt, c'est elle-même. Dès qu'elle arrive en Égypte, le pays entier est au courant. Un jour où l'on ne parle pas d'elle la rend malade.

— N'a-t-elle pas été l'instigatrice de trouvailles importantes ?

— Elle a surtout réussi à le faire croire ! Si vous écoutez cette chère dame, elle a bâti elle-même tous les temples d'Égypte ! Les décorations et les titres honorifiques lui paraissent beaucoup plus importants que le travail sur le terrain. Un conseil, Lord Percival : plus on se tient éloigné d'elle, mieux on se porte.

— Il y avait un autre égyptologue français à l'Old Cataract, n'est-ce pas ?

— L'inénarrable Villabert Glotoni, en effet ! Un médiocre qui a été affecté aux mondanités, son domaine de prédilection. Il promène les visiteurs de marque sur les sites archéologiques et leur donne de vagues explications en jouant à l'archéologue expérimenté. Il est aussi persifleur et n'hésite pas à répandre les pires calomnies sur les uns et les autres.

Ahmed al-Fostat descendit quelques marches, l'air pensif.

— Vous me troublez, Lord Percival... Et si l'assassin se trouvait effectivement au nombre des personnes qui prenaient l'apéritif à l'Old Cataract ?

— Un détail éveillerait-il vos soupçons ?

— Domenica Strauss, une égyptologue allemande, était la maîtresse de Langton. C'est une femme de tête, acharnée et passionnée, capable de tout.

— Vous songeriez donc à un drame passionnel ? suggéra l'Écossais.

— Pas impossible... mais s'il y avait un suspect à désigner, ce serait plutôt Steven Faxmore. C'est un homme sec, efficace et ambitieux, qui ne cesse de se heurter aux autorités égyptiennes, tellement il les prend de haut. Et il n'est pas agressif qu'avec elles... D'après une rumeur, il aurait eu une sévère altercation avec Langton. Faxmore est écossais... C'est peut-être l'explication. Je sais que les Anglais et les Écossais se haïssent.

— Vous n'en savez pas davantage ?

— Non, une simple rumeur.

Nerveux, Ahmed al-Fostat descendit rapidement jusqu'au fleuve. Trois degrés avant la dernière marche, il s'arrêta.

— Regardez, Lord Percival... Mais n'avancez plus !

Sur la dernière marche, une vipère de belle taille.

— Remontons doucement... Si nous ne faisons pas de gestes brusques, elle n'attaquera pas.

L'Égyptien ne paraissait guère rassuré et il prit appui sur les murs du nilomètre pour ne pas glisser. Lord Percival ne manifesta aucun signe d'émotion.

— D'après le témoignage d'Abou, il y avait une autre personnalité à l'Old Cataract, un homme vêtu de noir dont il ignore le nom.

Ahmed al-Fostat ne répondit qu'au sommet du nilomètre.

— C'est le docteur Alan Qerry... Et vous faites bien d'en parler ! Un excellent suspect, lui aussi. Voilà longtemps qu'il est installé en Égypte où il agit selon son bon plaisir, sans rendre de comptes à personne. Qerry dirige un laboratoire du Caire où, entre autres choses, il s'occupe d'étudier des momies. Une telle situation ne pouvait s'éterniser... Et l'un des projets connus d'Howard Langton consistait à vérifier les recherches de Qerry et à établir son propre « programme momies ». Un rude conflit en perspective !

Un groupe de touristes partait à l'assaut du musée.

— Merci pour cette visite instructive, dit l'Écossais.

— À l'avenir, Lord Percival, ne m'importunez plus. Je n'ai rien à voir avec ce crime et j'ai beaucoup de travail.

11.

Lord Percival demanda au batelier de prendre tout son temps pour traverser le Nil et de laisser sa felouque errer à sa guise au fil de l'eau. Âgé, mais encore souple et vigoureux, l'homme manœuvrait avec habileté et prouva à l'Écossais qu'il était toujours capable de grimper au sommet du mât, au risque de se rompre le cou.

Comprenant que l'étranger prenait un plaisir infini à épouser les mouvements du fleuve, le patron de la felouque fit des tours et des détours, jouant avec le vent et les courants.

Certes, il n'y avait pas de meilleur climat et de plus beaux paysages que ceux de l'Écosse, mais le châtelain se laissait envoûter, comme jadis, par la magie de cette Égypte qui avait choisi de s'ancrer hors du temps. Lorsque le Créateur avait décidé de célébrer les noces impossibles de l'eau et du désert, il n'avait pas omis de semer ici et là quelques rochers majestueux sur lesquels les scribes de Pharaon avaient relaté les exploits des aventuriers partis explorer le Grand Sud. Et le souffle d'Amon, le principe caché, continuait à se révéler en gonflant la voile blanche de la felouque qui glissait sans bruit sous un ciel d'un bleu parfait.

Au débarcadère, Angus Dodson attendait l'aristocrate avec impatience.

— Avez-vous appris quelque chose d'important, Lord Percival ?

— C'est selon. Et Scottish Brewer ?

— Impossible d'avoir le Yard au téléphone, les lignes sont surchargées. Je rappellerai. Et j'ai besoin de votre aide toutes affaires cessantes : Albertine Abletout menace de mettre l'Égypte à feu et à sang si nous n'honorons pas son invitation à déjeuner à l'Old Cataract.

— Inutile de provoquer un nouveau conflit, superintendant.

Bien que l'hôtel fût officiellement fermé, l'égyptologue française avait réussi à faire ouvrir la grande salle à manger d'apparat et à se faire servir son repas préféré, comprenant de la purée de fèves, des brochettes d'agneau, des carottes et des petits pois. Comme il valait mieux éviter les vins qui, malgré leurs noms charmeurs, « Omar Khayyam », « Cléopâtre » et « Rubis d'Égypte », menaçaient le tube digestif de mort subite, les mets furent accompagnés de la bière locale, légère et digestive.

Âgée d'une soixantaine d'années, de taille moyenne et un peu corpulente, dotée d'un inépuisable dynamisme, Albertine Abletout était habillée d'un tailleur mauve et semblait fort en colère.

— Ce n'est pas trop tôt, messieurs ! Mais que devient la politesse britannique ?

— Elle s'incline à vos pieds, madame, dit l'Écossais, avec toutes les excuses d'enquêteurs à la recherche d'un assassin.

Les yeux gris de l'égyptologue française virèrent au noir.

— Qu'est-ce que c'est que cette histoire de crime ? Encore une invention britannique pour perturber la recherche française ! Et dire que vous refusez toujours d'admettre que Jean-François Champollion fut le premier à déchiffrer les hiéroglyphes ! Vos érudits ont été vaincus, messieurs, voilà la vérité.

— Je vous le concède bien volontiers, madame.

— Tant mieux. J'en ai maté des plus résistants que vous ! Asseyez-vous et mangez. C'est mon menu et il est excellent, pour moi comme pour les autres. Alors, de quel crime s'agit-il ?

— C'est votre collègue Howard Langton qui a été assassiné.

— Il ne manquait plus que ça ! Ce pauvre garçon était tout à fait incapable de remplir les responsabilités qu'on lui avait confiées. Êtes-vous certain qu'il ne s'agit pas d'un suicide ?

— Certain, répondit Dodson, irrité par l'aplomb de la Française. On se suicide rarement en se plantant un couteau dans le dos.

— C'est fâcheux, surtout pour lui... Mais on ne pleurera pas longtemps votre Langton. Il n'était qu'un médiocre technicien besogneux, dépourvu des qualités qui font un savant célèbre et renommé. J'ai même une confidence à vous faire, messieurs.

Au regard attentif des deux hommes, Albertine Abletout jugea avec satisfaction de l'effet de sa déclaration.

— C'est beaucoup d'honneur, madame, dit Lord Percival sur un ton pénétré. Merci de nous en juger dignes.

L'égyptologue française se haussa du col.

— Je peux vous avouer que j'ai intimé à Howard Langton l'ordre de quitter l'Égypte et de regagner au plus vite son bureau londonien. Il était évident que ce pauvre garçon ne s'habituerait jamais à ce pays et qu'il n'y connaîtrait que des déboires. S'il m'avait écoutée, il serait encore vivant.

La purée de fèves était excellente et, même si la bière locale semblait beaucoup trop douce au palais de Dodson, elle présentait l'avantage de le désaltérer.

— Je suppose que votre intervention a déplu à Howard Langton, suggéra le superintendant.

— Aucune importance ! tonna l'égyptologue française. J'ai l'habitude de dire ce que j'ai à dire, sans m'occuper de la réaction de mes interlocuteurs. Ce petit Langton me devait le respect et il a eu la prudence de ne pas me répondre. Moi, je connais les gens ! Au fait... Vous avez arrêté le coupable ?

— La police égyptienne pense qu'il s'agit d'un certain Abou...

— Abou... Le grand Nubien qui travaille dans cet hôtel ?

— Lui-même.

L'égyptologue française parut songeuse.

— Passez-moi une brochette, la plus cuite... Abou, un drôle de colosse comme savait en produire la Nubie antique. Ils étaient tous soldats dans l'armée de Pharaon et passaient pour de fameux guerriers ! J'ai parfois songé à employer cet Abou comme ouvrier dans mon équipe de fouilles, mais l'affaire ne s'est pas faite.

— Aurait-il refusé ?

— Personne ne me refuse jamais rien ! Non, c'est sa réputation qui m'a fait reculer... On dit qu'il est violent, couvert de dettes de jeu, qu'il a un caractère impossible et déteste recevoir des ordres. Et moi, je ne supporte pas qu'on discute les miens.

— Il ferait donc un excellent criminel.

La suggestion de Dodson ne sembla pas enthousiasmer Albertine Abletout.

— Excellent, ce n'est pas sûr... Versez-moi de la bière. Les Nubiens sont des gens réfléchis, qui n'agissent pas à la légère. Je ne dis pas qu'il n'a pas tué Langton, mais s'il l'a fait, il devait avoir une bonne raison. Une très bonne raison.

— Et la rumeur ne fait pas état d'une quelconque querelle ayant opposé Abou à Langton ? demanda Lord Percival.

— Non, sinon je le saurais. En revanche, Abou a eu des ennuis avec un personnage qu'il vaut mieux prendre dans le sens du poil.

— Abd el-Mossoul ?

La Française sursauta.

— Comment le savez-vous, Lord Percival ?

12.

— Simple intuition, madame Abletout. La réputation d'Abd el-Mossoul a dépassé les frontières de sa province.

La Française fulminait.

— Vous, vous en savez plus que vous ne le dites !

— Hélas ! non, madame. Sinon, j'aurais déjà identifié l'assassin. Connaissez-vous la nature exacte des « ennuis » que vous évoquiez ?

— Non... Je n'ai aucun contact avec des personnages comme cet Abd el-Mossoul et je vous conseille, à vous comme à votre collègue, de laisser faire la police locale. S'il s'agit d'une affaire un peu trouble entre Égyptiens à laquelle Langton a eu tort de se mêler, vous n'avez aucun rôle à jouer. Donnez-moi des carottes.

— La situation est moins simple qu'il n'y paraît, précisa Lord Percival. D'une part, Howard Langton était considéré en Angleterre comme un personnage important ; d'autre part, la culpabilité d'Abou est douteuse.

— Je vous le répète : laissez faire la police locale. Ici, vos méthodes n'auront aucune efficacité.

Albertine Abletout avait un appétit féroce. Dodson, qui aurait pu rivaliser avec elle, se méfiait de cette nourriture et se contentait de tartines de pain beurré.

— Connaissez-vous les projets d'Howard Langton, madame ?

— Il n'en avait aucun, inspecteur.

— N'est-ce pas surprenant ?

— Pas le moins du monde ! Il avait dû jeter des plans sur la comète, comme n'importe quel rat de bibliothèque, puis il s'est trouvé confronté aux dures réalités du terrain. Et là, il a déchanté ! Il a été obligé de jeter au panier ses inepties et de constater qu'il n'avait aucune chance de faire des découvertes sérieuses.

— Notre malheureux compatriote n'avait-il aucun allié ? s'enquit Dodson.

La Française attaqua une deuxième brochette.

— Oh si, il en avait une, ce naïf ! Une certaine Domenica Strauss, une égyptologue allemande d'une incroyable prétention qui avait pris son collègue dans ses filets.

— La taxez-vous également d'incompétence ?

— Cette Strauss... Elle ne peut pas faire un pas sans ses dictionnaires et ses dossiers ! Une égyptologue de cabinet comme je les déteste, et de la pire espèce !

— Devons-nous comprendre que Mlle Strauss était la maîtresse d'Howard Langton ?

— Bien entendu ! Cette harpie, qui n'a aucun charme, était même jalouse comme une tigresse et ne permettait à aucune autre femme de s'approcher de son Anglais. Et ce n'est pas tout : elle est d'une ambition dévorante et rêve d'une place de premier plan. Elle a dû croire que Langton lui mettrait plus ou moins le pied à l'étrier... Malheureusement pour elle, la situation n'a pas évolué comme elle l'espérait. Votre compatriote était désorienté, mais il n'avait quand même pas perdu tout sens critique.

— Aurait-il rompu avec Mlle Strauss ?

— Il en avait assez, c'est certain, et il a dû la rejeter pour être tranquille ! Qui aurait pu supporter une pareille sangsue ? Elle était peut-être moins dangereuse que Faxmore, notez... Un drôle de corps, celui-là ! Égyptologue... Je me le demande ! Il voulait plutôt étendre son empire sur le pays entier et s'intéressait davantage à l'économie qu'à l'archéologie. Un projet commercial... Voilà ce qui hantait ce Faxmore, un personnage odieux et insupportable ! Mais lequel ? En tout cas, il avait menacé Langton.

— Pour quelle raison ?

— Je n'en sais rien, Lord Percival. Sans doute Langton se dressait-il, même à son insu, sur son chemin. Un conflit entre Anglais, je ne m'en mêle pas ! Qu'ils se détruisent l'un l'autre, c'est leur affaire.

Le dessert surprit Dodson : une tarte aux pommes nappée de crème fraîche, commandée par Albertine Abletout. Mais de quoi était composée la crème ? Prudent, le superintendant préféra s'abstenir.

— Par bonheur, continua la Française en dévorant la pâtisserie à belles dents, mon métier offre quand même des satisfactions et permet de rencontrer des gens délicieux, comme l'exquis Villabert Glotoni, un érudit sans âge, un merveilleux garçon qui est la gentillesse même.

— Il est chargé de s'occuper des hôtes de marque, n'est-ce pas ?

— Un poste qui lui convient à merveille ! Étant un excellent archéologue, il peut guider les personnalités sur n'importe quel site et leur faire découvrir les merveilles de l'Égypte pharaonique. Nul mieux que lui ne saurait remplir cette fonction délicate... Les grands de ce monde n'ont que quelques minutes pour découvrir Saqqara, Louxor et Karnak, et il faut tout le talent d'un Villabert Glotoni pour résumer l'essentiel en quelques phrases. Et c'est lui, également, qui est en contact avec les journalistes, ces merveilleux journalistes qui ne cessent de m'encenser à juste titre pour mes travaux, afin de faire mieux connaître notre belle discipline.

Albertine Abletout reprit une part de tarte, alors qu'un serveur apportait des cafés turcs.

— J'ai eu l'occasion de converser avec l'inspecteur Ahmed al-Fostat, révéla Lord Percival, et de lui montrer l'arme du crime, une vulgaire imitation du poignard de Toutankhamon.

— Vous avez frappé à la bonne porte ! Ahmed al-Fostat est un homme dévoué et un excellent inspecteur des Antiquités, sans aucun doute l'un des meilleurs. Il a suivi une bonne formation et connaît bien les chantiers de fouilles. S'il vous a dit que ce poignard était un faux, c'en est un.

Le plat de pâtisseries orientales ne séduisit pas le superintendant qui, de temps en temps, tentait de lutter contre l'embonpoint. Avec la chaleur et l'absence de nourriture, il risquait de rentrer amaigri à Londres.

Lord Percival se gratta la tempe.

— Lors de votre réunion mondaine, à l'Old Cataract, il y avait un personnage énigmatique, le docteur Alan Qerry.

— Énigmatique, c'est le mot ! Néanmoins, il m'amuse. À force de fréquenter les momies, quelles idées peuvent bien circuler dans sa tête ? Qerry vit en Égypte depuis de nombreuses années, mais il ne s'est lié d'amitié avec personne et garde le secret le plus hermétique sur ses travaux. Que fait-il sur un chantier de fouilles ! Au fond, je suis persuadée que ce mystérieux docteur Qerry est un homme dangereux. Quand on le voit, on pense immédiatement qu'il a une tête d'assassin ! Mais il ne faut pas se fier aux apparences, dit-on. Dans son cas, pourtant, on en aurait envie !

— Si je vous suis bien, madame, le docteur Qerry n'a pas coutume d'apparaître lors d'une réunion mondaine comme celle de l'Old Cataract.

— En effet... C'est son affaire, après tout ! Pour une fois, il avait peut-être envie de se distraire en échappant quelques heures à ses momies ! Faites comme lui, messieurs ; oubliez les tragédies et prenez du bon temps dans ce fantastique pays. Il y a tellement à découvrir que vous ne parviendrez même pas à l'effleurer.

— Aurons-nous le plaisir de vous revoir, madame ?

— Ça m'étonnerait, Lord Percival ; moi, j'ai du travail.

13.

Les deux Britanniques empruntèrent une felouque au bas de l'hôtel Old Cataract et, après une discussion d'un bon quart d'heure pour fixer un prix satisfaisant, se dirigèrent vers la nécropole des princes d'Assouan. Ces puissants personnages de l'Égypte pharaonique avaient fait creuser leurs tombeaux dans une falaise que dominait l'Oubbet el-Hawa, « la cime des vents », d'où l'on jouissait d'un panorama incomparable sur la ville, l'île d'Éléphantine et les roches formant la première cataracte, jadis difficile à franchir.

Quand Dodson, vêtu d'un costume colonial tout à fait passé de mode, découvrit l'escalier de pierre menant aux tombes, il eut une réaction de recul.

— Nous n'allons quand même pas grimper ça !

— La pente est moins redoutable qu'il n'y paraît, le rassura Lord Percival. Il suffit de progresser lentement.

La veste et le pantalon blanc de l'aristocrate, en pur coton, étaient immaculés. Étant donné les circonstances, il avait adopté la classique Fine Lavande de chez Yardley, dont la fragrance écartait les insectes.

Avec un courage digne d'estime, Dodson entama l'ascension en se réglant sur le rythme de l'Écossais, ému de redécouvrir ces lieux magiques où avaient vécu des chefs de provinces et des explorateurs du Grand Sud. Ils avaient immortalisé leurs exploits en les relatant dans des textes hiéroglyphiques qui commémoraient leur courage et leur sens de l'aventure.

Les rampes utilisées pour haler les sarcophages formaient de larges sillons dans le sable ocre de la falaise et aboutissaient aux entrées des demeures d'éternité où l'âme des princes d'Éléphantine était à jamais régénérée. Quand Dodson, à court de souffle, découvrit le panneau peint qui ornait le fond de la tombe de Sarenpout II, il dut admettre que les efforts consentis en valaient la peine. Noble et altier, le prince était assis devant une table d'offrandes abondamment garnie, et chaque hiéroglyphe, dessiné avec un art merveilleux, était un petit chef-d'œuvre. L'éléphant utilisé pour écrire le nom de la ville d'Éléphantine avait une allure amusante. Les statues du défunt, représenté en Osiris ressuscité, impressionnèrent le superintendant.

Lord Percival conduisit Dodson à la tombe de Sarenpout Ier, précédée d'une vaste cour. Sur un mur, des figures de femmes coiffées d'une perruque noire et vêtues d'une longue robe blanche à bretelles, laissant les seins découverts.

Penchée sur l'une de ces admirables figures, une jeune femme blonde, à la fois fine et athlétique, la dessinait avec précision. En dépit de son pantalon de toile et d'une chemise verte plutôt fruste, elle ne manquait pas de charme.

L'Écossais toussota.

— Pardonnez-moi... Je présume que vous êtes Domenica Strauss ?

Surprise, l'égyptologue se retourna.

— Mais... Qui êtes-vous ?

— Lord Percival Kilvanock. Et voici le superintendant Dodson.

— Vous voulez dire... Scotland Yard, ici, en Égypte ?

— Nous participons à l'enquête sur l'assassinat de notre compatriote Howard Langton.

— Ah...

Au seul nom du malheureux Langton, les yeux vert clair de Domenica Strauss s'étaient voilés de tristesse.

— J'aimerais sortir de ce tombeau. Y évoquer le souvenir d'Howard m'est insupportable.

— Étiez-vous informée de la mort de M. Langton ?

— Moi et d'autres avons demandé de ses nouvelles, puisque nous ne le voyions plus... Et les autorités ont refusé de nous répondre. Il devait être présent, lors d'une petite réunion, à l'Old Cataract , et il n'est pas venu. Ce n'était pourtant pas son habitude... Et maintenant...

La jeune femme éclata en sanglots, se cacha pour pleurer, puis tenta de faire de nouveau bonne figure.

— Quel type de recherches menez-vous ici ? demanda Lord Percival.

— Vous intéresseriez-vous à l'égyptologie ?

— Je crois savoir que les tombes de la douzième dynastie, comme celles-ci, ne sont pas si nombreuses, et que leur étude détaillée est loin d'être achevée.

— C'est vrai... Pour ma part, j'ai entamé un recensement de toutes les figures féminines de cette époque.

Domenica Strauss, Lord Percival et Dodson sortirent de la tombe. Le soleil les aveugla.

— Quel merveilleux pays, dit-elle. La lumière est partout, même dans les scènes et les textes, si l'on sait la voir. L'hiver est si doux, ici ! Comment imaginer l'existence de la pluie et de la neige ? Howard aurait dû goûter longtemps tous ces bonheurs...

La voix de Domenica s'était étranglée.

— Vous semblez très affectée par la tragique disparition de M. Langton, nota Lord Percival.

La jeune femme s'assit sur un bloc de pierre.

— Howard était un égyptologue très compétent et un homme séduisant... Sa mort est une perte immense pour notre discipline. Pourquoi... Pourquoi l'a-t-on assassiné ? Je ne comprends pas...

Nostalgique, Domenica Strauss contempla le ciel bleu.

— Les vieilles traditions n'affirment-elles pas que l'âme des justes vit éternellement dans les étoiles ? Par instants, je veux croire que les Égyptiens ont vaincu la mort et qu'ils nous ont légué leur science. Mais il s'agit d'un autre monde, et Howard ne reviendra plus dans le nôtre.

Lord Percival respecta la méditation douloureuse de la jeune femme. En cet endroit paisible, dont les siècles n'avaient pas usé la beauté, toute tragédie semblait incongrue.

— Où avez-vous rencontré Howard Langton, mademoiselle ?

— À Louxor. Et nous avons aussitôt sympathisé. Il était enthousiaste, fier et heureux d'occuper un poste important, de pouvoir enfin vérifier sur le terrain ses théories nées dans le silence des bibliothèques. Quel rêve fabuleux, pour un égyptologue ! Et Langton portait le même prénom qu'Howard Carter, le découvreur de la tombe de Toutankhamon.

— Vous a-t-il parlé en détail de ses projets les plus immédiats ?

Domenica Strauss hésita.

— Il s'agissait d'une confidence, Lord Percival.

— Howard Langton a été assassiné, mademoiselle. Le moindre indice peut nous être très utile.

L'égyptologue allemande se mordilla les lèvres.

— Je comprends, Lord Percival, je comprends... J'aurais aimé garder ce secret pour moi, comme une ultime preuve d'affection... Mais ce serait un égoïsme outrancier. Oui, Howard m'avait confié son projet le plus immédiat : découvrir une tombe fabuleuse.

14.

Les yeux bleu outremer de l'aristocrate fixèrent l'égyptologue.

— Pourriez-vous être plus précise, mademoiselle Strauss ?

— Malheureusement non, Lord Percival.

— Votre curiosité a dû être piquée, je suppose ?

— Bien sûr que oui ! Mais Howard n'a rien voulu dire de plus que : « une tombe fabuleuse ».

— Selon la police égyptienne, c'est Abou, un Nubien employé au l'Old Cataract, qui aurait assassiné Howard Langton.

La jolie blonde haussa les épaules.

— Complètement absurde ! Je connais ce Nubien... C'est le plus gentil des hommes et un type très bien. Il est incapable de commettre un crime.

— Pourtant, quelqu'un a poignardé Howard Langton, et il se trouvait parmi les personnes présentes sur la terrasse de l'Old Cataract, le jour du crime.

Domenica Strauss fronça les sourcils. De délicieuses rides d'inquiétude apparurent à la commissure de ses lèvres.

— Une réunion mondaine des plus banales...

— Vous souvenez-vous de l'identité de ces personnes ?

— Oui, bien sûr... Et il y avait quelqu'un d'inattendu ! Abd el-Mossoul, le chef d'un vieux clan de brigands dont les membres, autrefois, recherchaient les trésors antiques pour les piller.

— Autrefois... ou aujourd'hui encore ?

— Vous connaissez bien l'Égypte, Lord Percival.

— La connaît-on jamais assez ?

La jeune femme sourit.

— Howard vous aurait beaucoup apprécié. Disons... que certaines personnes soupçonnent Abd el-Mossoul de ne pas avoir tout à fait abandonné ses coupables activités ! On murmure même que, ces derniers temps, il serait reparti sérieusement en chasse sur la piste d'un trésor.

— Un trésor de quelle nature, mademoiselle ?

— On a parlé d'un objet en or, la spécialité de sa famille depuis plusieurs générations. Mais je n'y crois pas.

— Pour quelle raison ? interrogea l'Écossais.

— Ce serait trop beau ! Presque toutes les tombes royales ont été pillées, et il reste vraiment peu d'espoir de découvrir des objets aussi spectaculaires que ceux de la tombe de Toutankhamon.

— Mais ce n'est tout de même pas impossible, avança le châtelain.

— L'Égypte est une terre de miracles, je vous le concède ! Mais je serais quand même la première étonnée...

— Si j'osais...

Une lueur d'amusement éclaira le regard de la jeune femme.

— Que souhaitez-vous savoir, Lord Percival ?

— Pourriez-vous nous faire visiter la tombe du sage Heka-ib qui, si je ne m'abuse, fut considéré comme une sorte de saint ?

— C'est tout à fait exact ! Il a vécu à la fin de l'Ancien Empire et, après sa mort, on a édifié pour son âme un petit temple sur l'île d'Éléphantine. Vous venez ?

L'extérieur de la tombe d'Heka-ib était assez impressionnant, avec sa cour, ses piliers, et sa façade ocre écrasée de soleil. Les murs s'ornaient de peintures d'un style parfois naïf, notamment en ce qui concernait la représentation des visages. Néanmoins, les textes hiéroglyphiques méritaient d'être scrutés avec attention.

— À vous écouter, mademoiselle Strauss, questionna Lord Percival en contemplant des porteurs d'offrandes, Howard Langton avait un caractère très affirmé. Puis-je en déduire qu'il avait suscité, peut-être à son insu, certaines inimitiés ?

Domenica Strauss posa l'index sur ses lèvres et prit un long temps de réflexion.

— Howard n'était pas très diplomate, il faut bien l'avouer... Et parmi les personnes qui étaient présentes à l'Old Cataract, il y en avait plusieurs qui commençaient à ne plus le supporter !

— Albertine Abletout, par exemple ?

— Votre exemple est judicieusement choisi, inspecteur ! Depuis plusieurs années, elle s'occupe des antiquités du district d'Assouan et d'une partie de la Nubie ou, plus exactement, elle réussit à faire croire qu'elle s'en occupe. En fait, cette pétulante Française a surtout un sens aigu de sa propre publicité, et je ne connais personne qui, mieux qu'elle, sache « se faire mousser », comme on dit en français.

— Contesteriez-vous ses compétences égyptologiques ?

— Elles sont plutôt médiocres, jugea Domenica Strauss, mais elles existent. Néanmoins, Albertine est loin de posséder la technique et l'érudition nécessaires pour remplir correctement sa fonction.

— Alors, comment procède-t-elle ? demanda Dodson, intrigué.

— Cette chère Albertine fait travailler ses élèves qui, dans l'espoir d'obtenir un poste, sont obligés de se taire et de la laisser exploiter leurs travaux.

— Howard Langton s'en serait-il aperçu ?

— Oui, inspecteur. Parmi ses nombreuses qualités, il y avait la perspicacité. Et Howard avait une trop haute idée de la morale scientifique pour tolérer une telle situation.

— Quels étaient ses moyens d'agir ?

— Howard avait l'intention de rédiger un rapport sur les activités réelles d'Albertine Abletout et de le remettre à des représentants influents de la communauté égyptologique. En conclusion, il proposait la mise à la retraite de l'égyptologue française, accompagnée d'une superbe distinction honorifique, et surtout son remplacement dans les meilleurs délais.

— Suggérait-il un nom ?

— Pas à ma connaissance.

— Mme Abletout était-elle au courant ?

— Bien entendu. Howard n'était pas homme à agir en traître. Il s'était entretenu avec elle et lui avait précisé les motifs de sa démarche.

— Une criminelle idéale ! conclut Angus Dodson. À la fois furieuse et inquiète, cette Française aura pris la décision de se débarrasser de l'Anglais qui menaçait de la renverser de son piédestal.

Domenica Strauss opina du chef.

— À première vue, un raisonnement inattaquable, superintendant... Mais il faudrait que cette chère Albertine fût la seule personne suspecte. Et, à mon avis, c'est loin d'être le cas.

15.

Pensive, Domenica Strauss sortit du tombeau, suivie de Lord Percival et de Dodson, ébloui par le soleil. Ils firent quelques pas le long des tombeaux et allèrent s'asseoir à un endroit encore ombragé.

— Howard a eu un entretien plutôt animé avec l'inspecteur des Antiquités Ahmed al-Fostat, révéla l'égyptologue allemande. En fait, une véritable dispute.

— La vieille animosité entre Égyptiens et Anglais ?

— Beaucoup plus que cela, Lord Percival ! Il est vrai que le caractère des deux hommes était fort différent, voire opposé. Leur premier contact officiel a été des plus houleux, et Howard n'en est pas resté là. Voulant comprendre les raisons de cet accueil odieux, il a demandé un rapport sur les véritables activités d'al-Fostat. Comme les autorités égyptiennes ont tergiversé, il a mené sa propre enquête... approfondie. Et Howard s'est montré particulièrement entêté. Aussi a-t-il découvert que cet inspecteur prétentieux et arrogant était une sorte d'imposteur. En matière d'égyptologie, il est totalement ignorant, mais comme petit tyran administratif, il n'a pas son pareil.

— M. Langton avait-il décidé d'agir contre lui ?

— Bien sûr que oui ! Howard détestait l'injustice et le mensonge. C'est pourquoi il a visité chacun des chantiers de fouilles dont al-Fostat avait la responsabilité. Et il les a tous trouvés à l'abandon ! Vous imaginez sans peine sa colère... En réalité, al-Fostat avait acheté son poste et il était prêt à tout pour le garder, en raison des avantages matériels qu'il lui procure. Howard ne s'est pas arrêté à ce genre de considérations... Il avait décidé de rédiger un rapport accablant pour prouver l'incompétence d'al-Fostat et relancer les chantiers de fouilles gelés par sa faute.

— Et Ahmed al-Fostat le savait...

— Il s'en doutait, estima Domenica Strauss. Howard cachait mal ses sentiments et il avait parlé de ses intentions à de hauts fonctionnaires égyptiens qui n'ont sans doute pas manqué de mettre en garde Ahmed al-Fostat.

Le superintendant fut troublé. L'inspecteur des Antiquités faisait, lui aussi, un excellent suspect.

Une huppe se posa sur un mur antique, tout près de Lord Percival. Le magnifique oiseau s'ébroua, puis reprit son vol.

— Pour vous, dit la jeune Allemande, c'est un bon présage. On prétend que la huppe donne la capacité de divination aux gens qu'elle aime.

— N'y avait-il pas un homme en noir, à l'Old Cataract ? questionna Angus Dodson.

— Oui, un personnage bizarre, inquiétant... Je l'ai rencontré là pour la première fois et il m'a terrorisée ! On aurait juré un démon sorti de l'enfer, avec ses vêtements sombres et sa mine sinistre. Mais je sais qu'il ne faut pas se fier aux apparences.

— Howard Langton vous avait-il parlé de ce docteur Qerry ?

— Une seule fois, et pas en des termes favorables... Comme Qerry s'occupait d'un laboratoire consacré à l'étude des momies depuis une trentaine d'années, Howard s'attendait à des résultats remarquables. Sa déception fut cruelle. En fait, Alan Qerry ne semble pas s'être occupé d'égyptologie et de momies, mais d'une autre passion, beaucoup plus trouble... Le docteur a protesté et s'est défendu en affirmant qu'il avait accumulé des éléments importants, bien qu'il n'ait rédigé aucune publication.

— Qerry pouvait-il penser que son poste était menacé ?

— S'il a jugé Howard à sa juste mesure, sans aucun doute ! Et comme ce spécialiste des momies paraît capable du pire... Mais je m'égare ! Je ne connais pas du tout cet homme et je formule des accusations graves contre lui... Ne tenez pas compte de mes propos, je vous prie. La disparition d'Howard m'a tellement bouleversée que je deviens déraisonnable.

La jolie blonde caressa une vieille pierre avec tendresse, comme si elle lui offrait un refuge.

— Si j'avais à désigner l'assassin d'Howard, poursuivit-elle avec gravité, je donnerais le nom de Steven Faxmore.

Dodson fut ébranlé.

— Pourquoi cette certitude, mademoiselle ?

— Certitude est un mot excessif... mais j'ai assisté à une scène pénible au cours de laquelle Howard et Steven Faxmore se sont violemment heurtés.

— À quel propos ?

— J'avoue avoir mal compris la cause de cette querelle... Il m'a semblé qu'Howard soupçonnait Faxmore de ne pas être un scientifique honnête et de vouloir faire une exploitation commerciale de l'égyptologie.

— Laquelle, mademoiselle Strauss ?

— Je l'ignore. Howard était furieux, mais il n'avait pas encore de certitude et il ne voulait pas porter d'accusation sans preuve.

— Mais il y a tout de même eu cette altercation.

— À cause de Faxmore ! C'est un homme violent, soupe au lait, qui n'a pas supporté la moindre insinuation et a réagi avec une violence incroyable. Howard voulait seulement discuter et dissiper des ombres, et il est tombé sur un os ! De toute évidence, Faxmore avait quelque chose à se reprocher.

Lord Percival fit quelques pas sous un soleil de plus en plus triomphant qui dévorait les ultimes recoins d'ombre.

— Et vous, mademoiselle Strauss, n'avez-vous rien à vous reprocher ?

La blonde Allemande se leva, choquée.

— Que... que voulez-vous dire ?

L'Écossais contemplait le Nil.

— Pardonnez-moi d'être aussi direct, mademoiselle, mais il ressort de vos déclarations que vous étiez très attachée à Howard Langton.

Domenica Strauss serra les poings et affronta l'Écossais.

— Oui, j'étais la maîtresse d'Howard et je l'aimais.

— Comptiez-vous vous marier ? demanda le superintendant, toujours soucieux de la morale publique.

— Ni Howard ni moi-même ne nous sommes posé cette question... Mais pourquoi se préoccuper de l'avenir ? Seule comptait la passion.

— Pourquoi oubliez-vous de nous parler de l'égyptologue français Villabert Glotoni, présent à l'Old Cataract ?

— Parce que... Parce que je n'ai rien à en dire.

Lord Percival ne parut guère convaincu.

— Glotoni a tenté de vous nuire, n'est-ce pas ?

Domenica Strauss baissa les yeux.

— Villabert Glotoni m'a ordonné de quitter l'Égypte. Sinon, il révélerait ma liaison avec Howard Langton et provoquerait un énorme scandale qui ruinerait la carrière de ce dernier. Bien entendu, je devais aussi lui donner mes dossiers de recherches qu'il utiliserait pour publier des articles sous son nom.

— Étiez-vous décidée à céder ?

— Préserver Howard n'était-il pas l'essentiel ?

16.

Le soleil était si ardent que Dodson éprouvait de plus en plus de difficultés à suivre le rythme imposé par un Lord Percival imperturbable que la lumière de midi ne semblait pas incommoder. L'Écossais portait un élégant chapeau blanc à large bord qui, de toute évidence, le mettait à l'abri d'une chaleur de plus en plus virulente. Et il réfléchissait à l'attitude de Domenica Strauss qui, incapable de retenir ses larmes, s'était réfugiée dans une tombe.

— Il serait peut-être temps de rentrer à l'hôtel, suggéra le superintendant.

— Malheureusement, nous avons un rendez-vous. Si vous voulez bien accepter un conseil, Dodson, vous devriez vous protéger la tête.

— J'ai égaré ma casquette et...

— Procurez-vous l'une de ces étoffes que vendent les marchands ambulants. Tenez, en voici un... Je vais marchander pour vous.

La tête dûment enrubannée, le superintendant retrouva un peu d'énergie pour se diriger vers un étrange monument en grès rose, le mausolée de l'Agha Khan, bâti sur le modèle d'une mosquée pour abriter la dépouille du chef spirituel des ismaélites, un mouvement religieux comptant quatre millions d'adeptes.

Pour monter au mausolée, les deux hommes avaient longé la villa de la Bégum, l'épouse de l'Agha Khan. Elle y séjournait souvent, jouissant d'un exceptionnel panorama qui, par sa seule beauté, niait la mort.

— Qui devons-nous rencontrer ?

— Un homme qui, chaque semaine, vient méditer devant le sarcophage en marbre blanc de l'Agha Khan.

— Auriez-vous retrouvé l'auteur de la lettre anonyme ?

— Qui sait, superintendant ?

Le monument se dressait sur une butte et dominait palmiers et massifs de fleurs entourant la villa de la Bégum. Les lits de pierre trop réguliers donnaient au mausolée une allure un peu rigide. Pour accéder à l'entrée, il fallait grimper les marches d'un escalier en demi-cercle.

— Par respect, dit Lord Percival à Dodson, glissez vos chaussures dans ces chaussons de toile. Le sol du mausolée doit rester pur.

L'intérieur du bâtiment était sobre et dépouillé. Sous une coupole, le sanctuaire dans lequel trônait le tombeau en marbre dont les côtés étaient ornés de versets du Coran.

— Cet Agha Khan n'était-il pas milliardaire ? s'enquit le superintendant.

— Le jour de son jubilé, rappela Lord Percival, il demanda à être pesé. Et sur l'un des plateaux de la balance, on déposa son poids... en diamants. Ses disciples n'eurent qu'à se féliciter de sa générosité.

Un seul visiteur méditait, fixant la rose rouge déposée sur le tombeau, comme chaque jour, pour célébrer la mémoire du disparu.

L'homme était grand, son allure autoritaire. Quinquagénaire, le visage anguleux marqué de rides profondes, l'égyptologue Steven Faxmore portait un pantalon noir et une veste verte un peu voyante. Des pattes lui mangeaient les joues, et son menton pointu paraissait menaçant.

— Pouvons-nous interrompre votre méditation, monsieur Faxmore ? demanda Lord Percival à mi-voix.

L'homme se retourna, piqué au vif.

— Comment connaissez-vous mon nom ?

— Vous êtes célèbre, à Assouan, et chaque patron de felouque connaît vos habitudes.

— Qui êtes-vous ? demanda l'Écossais d'une voix rauque.

— Lord Percival Kilvanock et le chef superintendant Dodson. Avec l'accord des autorités égyptiennes, nous enquêtons sur l'assassinat de notre compatriote Howard Langton.

— Il a donc bien été assassiné... La rumeur circulait, mais elle était invérifiable, comme d'habitude. La police égyptienne se désintéresse-t-elle du problème au point de nous envoyer un aristocrate ?

— Elle a arrêté un suspect, dit Angus Dodson.

— Tiens donc... Et qui ça ?

— Abou, un employé de l'hôtel Old Cataract.

— Un drôle de corps, celui-là ! Je lui ai proposé de faire partie de mon équipe de fouilles, mais il a refusé. Dommage... Avec son gabarit, il aurait abattu le travail d'au moins cinq hommes. Le rêve, pour un archéologue ! Mais Abou préférait son emploi, et il est têtu.

— Le considérez-vous comme un coupable plausible ?

— Aucune idée, messieurs ! Si je ne m'abuse, c'est votre problème et pas le mien. Mes propres soucis me suffisent.

— L'identité de l'assassin ne vous intéresse-t-elle pas ? demanda Lord Percival.

— Si vous croyez que travailler en Égypte est facile ! Le pays est superbe, mais allez trouver un ouvrier qui arrive à l'heure et exécute correctement les ordres... Se lancer dans un programme de fouilles et tenter de le mener à bien est une aventure à la limite du possible. Il faudrait ne pas avoir de nerfs, et moi, j'en ai ! Ici, la devise principale est : « Remets au lendemain ce que tu pourrais faire aujourd'hui, puis au surlendemain et, ensuite, remets-t'en à la volonté d'Allah. » Avec le temps, on devient fataliste et l'on s'endort au pied d'une colonne antique en espérant qu'un bon génie sorti des ruines creusera le sable à votre place et déposera des trésors sur vos genoux. Le renoncement vous ronge, et l'on perd peu à peu toute faculté de résistance... sauf si l'on est écossais ! Nous, dans les Highlands, nous n'avons jamais renoncé à rien. Et surtout pas à nous libérer du joug anglais.

— Devons-nous comprendre que vous considériez Howard Langton comme un ennemi potentiel ?

— Pas potentiel, Lord Percival, mais comme un ennemi tout court ! Voir débarquer ici un jeune archéologue anglais à qui l'on a offert le poste qui me revenait, c'est une véritable déclaration de guerre !

— Et comment comptiez-vous combattre votre adversaire ?

Steven Faxmore s'adossa à un mur.

— Hélas ! Je n'avais aucune arme à lui opposer. Langton est arrivé tout auréolé de ses diplômes et de sa science... Et personne ne pouvait les lui contester. C'était vraiment une grosse tête et un égyptologue de premier plan, aux compétences très étendues. Sa nomination était logique. Mais moi, il me dérangeait ! Et il était passionné, en plus...

— Il avait donc de nombreux projets.

— C'est certain, mais j'étais la dernière personne à qui il les aurait confiés ! Langton avait vite compris que sa prise de pouvoir me mettait sur la touche et que je n'avais vraiment pas envie de lui faire des risettes.

— Avez-vous eu envie de vous débarrasser d'un adversaire aussi dangereux ? demanda Lord Percival.

— Si vous voulez un spécialiste de la mort, adressez-vous plutôt au docteur Qerry.

17.

— Que reprochez-vous à Alan Qerry, monsieur Faxmore ?

L'égyptologue caressa de l'index la rose rouge qui témoignait de l'amour porté au défunt Agha Khan.

— Pour un spécialiste des momies, c'est un spécialiste des momies ! Mais l'un des plus sinistres... C'est déjà une occupation plutôt bizarre, mais avec lui, elle devient franchement condamnable. Par bonheur pour l'Agha Khan, sa dépouille mortelle n'est pas tombée entre les mains de Qerry.

— Expliquez-vous, exigea le superintendant.

Steven Faxmore fixa le sarcophage.

— Ce Qerry est un type trouble, c'est tout ce que je sais. À votre place, je m'intéresserais à ses activités. Personne ne parvient à savoir en quoi elles consistent exactement... Vous autres professionnels aurez peut-être davantage de chance. Moi, j'ai renoncé. Le simple fait de voir Qerry me fait broyer du noir. Alors, lui parler... Mais puisqu'il y a eu meurtre, ça ne m'étonnerait pas que ce démon y soit mêlé d'une façon ou d'une autre.

— Il s'agit d'une grave accusation, estima le superintendant.

— Une impression, tout au plus. Et s'il fallait soupçonner de meurtre toutes les crapules que j'ai croisées récemment, il vaudrait mieux mettre au premier rang Abd el-Mossoul. Cette vieille canaille... On dit que l'âge l'a rendu inoffensif, mais je n'en crois rien. S'il est sur la piste d'un véritable trésor, il est capable d'éliminer froidement tous ceux qui se dressent sur son chemin.

— Et... c'est le cas ?

— Allez savoir ! Mais pourquoi se trouvait-il à l'Old Cataract, lors de cette réunion impromptue d'égyptologues ?

Steven Faxmore fit quelques pas devant le sarcophage de l'Agha Khan.

— Dois-je conclure, avança Lord Percival, que certains égyptologues avaient des contacts avec Abd el-Mossoul ?

Faxmore leva les bras au ciel.

— Allons, ne jouez pas les naïfs ! Une belle brochette de fouilleurs a eu recours à des indicateurs locaux pour trouver des tombes dont seules les familles de pillards connaissaient l'emplacement. Sans eux, la plupart des recherches auraient échoué. Reste à savoir si le vieux Abd el-Mossoul est toujours en activité ou s'il est réellement à la retraite.

— Votre avis ?

— Impossible à dire. Ce type est plus rusé qu'une vipère des sables ! Toujours souriant et aimable, mais toujours prêt à vous frapper dans le dos... Tout à fait le genre de son compatriote Ahmed al-Fostat... Inspecteur des Antiquités, quelle blague ! Il n'est même pas capable de déchiffrer une colonne de hiéroglyphes. Et inutile de lui demander la distinction entre une stèle de l'Ancien Empire et un panneau sculpté de l'époque ptolémaïque... Quand Langton l'a rencontré pour la première fois, il a eu un choc ! Il n'a pas mis longtemps à déceler l'incompétence d'al-Fostat, et sa colère a fait trembler les murs. Inutile de vous dire que l'Égyptien l'a très mal pris... Et Langton en a rajouté en lui annonçant qu'il préparait un dossier détaillé pour l'obliger à démissionner au plus vite !

— Vous avez donc assisté à la scène.

— Et j'étais plutôt gêné ! Quand la morale scientifique était en jeu, Langton ne faisait pas de cadeaux. Moi qui comptais simplement lui présenter al-Fostat pour nouer de bonnes relations, j'ai été servi ! Inutile de vous dire que je me suis fait tout petit pour éviter les éclats de voix.

— Howard Langton et Ahmed al-Fostat se sont-ils revus, après cette altercation ?

— Je n'en sais rien. Et j'ignore également si Langton a appris qu'al-Fostat avait été mêlé à une sale affaire.

— De quel ordre ? questionna Dodson..

— Al-Fostat a été suspecté de vol au musée d'Assouan. Une petite amulette représentant une grenouille. La valeur marchande n'était pas négligeable, et elle n'a jamais été retrouvée. Al-Fostat a toujours nié, et aucune preuve de sa culpabilité n'a pu être fournie. Mais c'est exactement le genre d'histoires qui ne devrait pas figurer dans le dossier d'un inspecteur des Antiquités...

— En avez-vous parlé à Howard Langton ? demanda Lord Percival.

— J'ai évité de jeter de l'huile sur le feu et je n'aime pas moucharder. De toute façon, Langton aurait bien fini par l'apprendre. Et ça n'aurait fait qu'aggraver son jugement.

— A-t-il eu un meilleur contact avec Albertine Abletout ?

Si l'endroit n'avait pas été aussi austère, Steven Faxmore aurait éclaté de rire.

— Vous plaisantez, Lord Percival ! Cette Française prétentieuse et imbuvable, qu'on surnomme dans le métier la Castafiore de l'égyptologie, déteste ses collègues britanniques qui le lui rendent bien. Et Langton n'a pas manqué de la piquer au vif en lui demandant si elle comptait mener à terme sa thèse inachevée sur les tombes de Merirê et de Mahou. Vous l'auriez vue réagir... Une véritable furie ! Il a fallu un vrai courage à Langton pour lui tenir tête, d'autant plus qu'il avait frappé juste. Rappeler à cette chère Albertine qu'elle était un peu juste scientifiquement ne lui a pas fait vraiment plaisir... Remarquez, elle a fait des petits, si j'ose dire ! Prenez Villabert Glotoni qui n'a pas davantage terminé sa thèse sur les *ouchebtis*, ces figurines magiques... Enfin, ce sont nos petites querelles de spécialistes, mais elles ne débouchent pas sur des meurtres, d'ordinaire.

— Quelle opinion avez-vous de Domenica Strauss ? demanda Lord Percival.

— Sacrément sérieuse... Elle avait achevé sa thèse, elle.

— Sur quel sujet ?

— « Les cônes de résurrection »... Rien d'affriolant, je vous le concède, mais cette superbe blonde est une véritable égyptologue, passionnée par ses recherches. J'ai l'impression qu'elle en pinçait pour Langton.

— Était-il sensible au charme de Mlle Strauss ?

— Avec un Anglais de ce calibre-là, allez savoir ! C'est vrai qu'ils auraient formé un beau couple. Mais la petite Strauss avait vraiment trop de défauts pour réussir.

— Lesquels ? demanda Dodson.

— Trop honnête, trop travailleuse, trop rigoureuse... À la longue, ça nuit beaucoup. Elle ne sait ni intriguer ni pratiquer les coups tordus qui permettent de mener une brillante carrière. Domenica Strauss restera une simple chercheuse et n'obtiendra jamais un poste important. Pour elle, Langton aurait été un bel avenir... Le destin en a décidé autrement.

— En l'occurrence, il a pris la forme d'une main criminelle.

— Qu'est-ce que ça change ? Il faut bien mourir un jour. À présent, Langton est débarrassé de tous les soucis matériels.

Le superintendant fut choqué.

— Comment pouvez-vous parler ainsi, monsieur Faxmore ?

— On voit que vous ne connaissez pas l'Orient. Ici, la vie, la mort, le temps qui s'écoule... Quelle importance ? Nous finirons tous dans le même néant. Si vous n'avez plus besoin de moi, messieurs, je regagnerais volontiers mes quartiers.

— Quand comptez-vous rentrer en Écosse ? demanda Lord Percival.

— Pas dans l'immédiat... Mais qui peut dire de quoi l'avenir sera fait ?

Steven Faxmore s'éloigna d'un pas lent, abandonnant la rose rouge à sa solitude.

18.

Parallèle à la corniche, le souk d'Assouan était un lieu haut en couleur, volontiers fréquenté par les touristes qui s'extasiaient devant les cotonnades, les sacs en peau de lézard, les vanneries, les coquillages de la mer Rouge, les casse-tête en ébène rappelant le caractère guerrier des anciens Nubiens et les nombreuses épices, dont le safran, le poivre et la coriandre.

Villabert Glotoni aimait se mêler à la foule, boire un verre de karkadé rafraîchissant, et musarder le nez au vent, en oubliant travail et obligations.

Ces derniers temps, l'égyptologue français avait beaucoup grossi, mais cette prise de poids n'avait pas modifié son allure bizarre : une tête énorme, presque carrée, sans cou, posée sur un large poitrail que soutenaient des jambes trop courtes. Le nez épaté, presque africain, les sourcils fournis, une mèche rebelle lui tombant sans cesse sur le front, une petite moustache qu'il rasait de temps à autre avant de la laisser repousser, Villabert Glotoni n'était pas un modèle de beauté, mais il savait plaire et séduire. C'est pourquoi il avait réussi à se faire passer pour égyptologue en laissant sur le côté de la route des spécialistes chevronnés, mais sans aucun don pour les contacts humains.

Et, aujourd'hui, Glotoni était l'un des piliers de la recherche en Égypte. Rien ne pouvait se faire sans qu'il soit au courant et qu'il donne son accord.

Cette sensation de puissance valait mieux que n'importe quelle ivresse. Et il était bien décidé à en profiter jusqu'à plus soif.

— Quel endroit passionnant, monsieur Glotoni, n'est-il pas vrai ?

L'égyptologue français se retourna.

L'homme qui venait de lui adresser la parole ne pouvait être qu'un Anglais, avec son costume blanc impeccable et son allure de gentleman, façonné par des siècles de courtoisie. À sa gauche, en revanche, le personnage bedonnant et mal fagoté ressemblait plutôt à un touriste américain, perdu loin de ses bases.

— Permettez-moi de vous présenter le chef superintendant Dodson, de Scotland Yard. Je suis Lord Percival Kilvanock.

— Enchanté... vous... vous me connaissez ?

— Qui ne vous connaît pas, monsieur Glotoni ?

Flatté, le Français rosit.

— Vous visitez Assouan ?

— Nous n'avons, hélas ! que peu de loisirs, car nous enquêtons sur la mort de notre malheureux compatriote, Howard Langton.

— Ah, ce pauvre confrère ! Quel malheur, quel terrible malheur ! Il venait en Égypte pour y occuper un poste très important, et il meurt assassiné !

— Vous êtes bien informé, monsieur Glotoni.

— Pensez-vous, Lord Percival ! Mais vous avez eu un entretien avec notre délicieuse Albertine Abletout, et elle a répandu partout l'information ! C'est son caractère, et personne n'y changera rien : elle ne peut rien garder pour elle, comme toutes les femmes. Alors, j'ai appris que la disparition d'Howard Langton était beaucoup plus tragique que je ne l'imaginais. Et dire que nous avions eu, avec quelques collègues, une petite réunion impromptue à l'Old Cataract où nous l'avons attendu en vain.

— Les premiers éléments de l'enquête tendent à prouver que l'assassin se trouvait parmi les personnes présentes sur la terrasse de l'hôtel.

— Mon Dieu, quelle horreur ! Vous en êtes sûr ? J'avais pourtant entendu dire que la police avait déjà arrêté le coupable.

— Un simple suspect.

— Et... On peut savoir qui c'est ?

— Abou, un employé de l'hôtel.

— Le géant nubien, cet homme magnifique ? Incroyable ! Remarquez, il est très fort et très violent. J'ai entendu dire qu'il avait déjà tué l'un de ses cousins, à cause d'une obscure histoire de famille. Mais ça ne prouve rien, évidemment.

Un marchand mit sous le nez de Villabert Glotoni un petit panier décoré de façon naïve par deux de ses dix-huit enfants.

— Cent livres égyptiennes, c'est pas cher...

Excédé, Glotoni écarta l'importun avec quelques mots arabes bien sentis.

— L'Égypte est un pays très tranquille, messieurs... La mort tragique de Langton nous a tous bouleversés.

— Cette disparition est une lourde perte pour l'égyptologie.

Villabert Glotoni fit la moue et se gratta la lèvre supérieure.

— Sur ce point, Lord Percival, je ne peux pas vous suivre et je crois qu'il serait nécessaire de modifier votre jugement... Langton était peut-être un homme charmant et bien élevé, mais un piètre égyptologue.

D'après moi, il a dû trouver son diplôme dans une pochette-surprise ! Il suffisait de le sonder un peu pour s'apercevoir qu'il n'avait aucune compétence et qu'il n'était qu'un administratif envoyé par Londres pour tenter de remettre de l'ordre sur les chantiers de fouilles britanniques. Je dis bien « tenter », car aucun rond-de-cuir n'a réussi, sur le terrain, à imposer ses méthodes. Langton s'y serait cassé les dents, comme les autres.

Le Français s'attarda sur une pyramide de safran.

— Savez-vous, messieurs, que c'est l'épice la plus chère du monde ? Et ici, elle est abondante ! J'en parfume volontiers le moindre plat. Permettez-moi de vous en offrir.

La négociation avec le marchand dura une dizaine de minutes, et Villabert Glotoni, très expérimenté, s'en tira à son avantage. Quant à Dodson, il fut plutôt embarrassé avec ses deux cornets remplis de safran, mais il garda la face.

— Et puis, poursuivit le Français, ce pauvre Langton m'est apparu comme un romantique incorrigible et totalement dépassé ! Il voyait l'Égypte comme une sorte de paradis perdu où sont enfouis d'innombrables trésors. Voilà longtemps que l'archéologie scientifique ne s'enferme plus dans ce genre de rêves. Un petit tesson de poterie nous en apprend davantage que les trésors de Toutankhamon.

— Si je comprends bien, dit Lord Percival, vous n'avez guère sympathisé avec le disparu.

— Les rapports entre Anglais et Français sont un peu difficiles, surtout dans notre discipline... Mais j'ai essayé d'arrondir les angles. Et si ce pauvre Langton avait vécu davantage, j'y serais parvenu, sans aucun doute. À mon sens, il ne serait d'ailleurs pas resté longtemps en Égypte. Oh, vous avez vu ça !

19.

Villabert Glotoni tomba en extase devant un petit crocodile empaillé.

— C'est devenu très rare, de nos jours ! On prétend que c'est le talisman le plus efficace contre le mauvais œil. Mais il faut se méfier des contrefaçons et négocier durement, les yeux dans les yeux. À trois, nous n'avons aucune chance. Tenez, comme vous m'êtes très sympathiques, tous les deux, je vais vous montrer quelque chose de très rare.

Le Français s'enfonça dans une boutique encombrée de plats en cuivre, du sol au plafond, et souleva l'un d'eux.

— Regardez, chuchota-t-il, ce sont des pointes de flèches empoisonnées. Du moins, c'est le marchand qui le prétend. Personnellement, je n'ai jamais osé en acheter ; il paraît qu'une blessure peut être mortelle.

Glotoni donna au marchand un billet d'une livre égyptienne, presque effacé à force d'être passé de main en main, pour le remercier de leur avoir offert le spectacle.

— Vous qui connaissez si bien l'Égypte, dit Lord Percival, vous avez dû réfléchir à ce drame et envisager d'éventuelles culpabilités.

Nerveux, le Français s'épongea le front avec un mouchoir.

— Au contraire, Lord Percival. J'ai essayé de chasser toute mauvaise pensée ! Il ne faut pas s'empoisonner l'esprit avec de telles horreurs.

— Néanmoins, vous accepterez peut-être de nous aider.

Le regard de l'égyptologue s'assombrit.

— Mais bien entendu... Dans la mesure de mes moyens, cela va sans dire.

— Vous évoquiez Mme Abletout...

— Une femme sublime ! Nous nous inclinons tous devant sa science et son inépuisable dynamisme. Sans son action, l'archéologie égyptienne ne serait pas ce qu'elle est. Elle a su modifier les habitudes, bousculer les conformismes et orienter ses équipes de recherche dans les bonnes directions. Et quels résultats fabuleux !

— Vous ne la voyez donc pas dans le costume d'une criminelle.

— Lord Percival, vous ne parlez pas sérieusement ! Howard Langton existait à peine, aux yeux de Mme Abletout. Lui, un débutant, tout récemment nommé, avait tout à prouver... D'autant plus qu'il était anglais ! Ce sont tout de même les Français qui ont créé l'archéologie égyptienne et fait les découvertes majeures. Ces messieurs les Anglais devraient avoir le profil bas, non ? Oh, pardon, j'oubliais que...

— Ne vous excusez pas, rétorqua l'Écossais, votre raisonnement est inattaquable.

— Vous êtes fair-play, Lord Percival.

— Simplement objectif, même si de grands archéologues anglais comme Petrie et Howard Carter, le découvreur de la tombe de Toutankhamon, ont apporté leur pierre à l'édifice. Je crois que les Égyptiens eux-mêmes forment à présent des égyptologues.

— C'est une tendance irréversible, en effet.

— Pourtant, j'ai entendu quelques critiques à propos de l'inspecteur des Antiquités, Ahmed al-Fostat.

— De mauvaises langues ! protesta Glotoni avec véhémence. Ahmed est un homme charmant, qui fait son métier avec un maximum de conscience professionnelle. Parmi les inspecteurs égyptiens que je fréquente, c'est l'un des meilleurs. Évidemment, il est jalousé par certains collègues qui envient sa place, mais n'est-ce pas humain ? Après quelques petits heurts inévitables entre gens qui se connaissent mal, Langton et lui auraient fini par s'apprécier et collaborer de manière efficace.

— Vous ne pouvez pas en dire autant à propos d'Abd el-Mossoul, je suppose ?

— Pourquoi me parlez-vous de ce personnage ?

— Parce qu'il était présent à l'hôtel Old Cataract, le jour du crime.

— Oui, c'est vrai... Mais Abd el-Mossoul ne mérite pas la réputation sulfureuse qui lui reste attachée. Il est victime d'un passé familial peu glorieux, il est vrai, mais il n'est plus aujourd'hui qu'un sympathique vieillard qui prend plaisir à colporter des fables plus ou moins terrifiantes. Les Égyptiens sont d'excellents conteurs, et ils brodent à l'infini. Abd el-Mossoul appartient à un passé révolu qu'il aime enjoliver.

— Le comportement du docteur Qerry vous inquiéterait-il davantage ?

Villabert Glotoni ouvrit des yeux étonnés.

— Pourquoi m'inquiéterait-il ? Alan Qerry s'habille de manière plutôt triste, je vous le concède, mais il ne faut pas juger les gens sur l'apparence. En réalité, Qerry est un spécialiste des momies et l'un des maîtres dans sa spécialité. Ce qui lui nuit, c'est son caractère difficile et un goût immodéré pour la solitude. Est-ce un crime ? Oh, regardez ! Une dent d'hippopotame sculptée... Elle vient de loin, car il n'y a plus d'hippopotames dans le Nil depuis longtemps. La vente de ce genre d'articles est plus ou moins prohibée, mais ici, tout s'arrange avec un peu de diplomatie.

— L'hippopotame n'était-il pas un animal du dieu Seth, le destructeur ?

— En effet, Lord Percival. Destructeur comme ce Faxmore, cet Écossais dont tout le monde a peur.

— Pour quelle raison ? demanda Dodson.

— Parce qu'il se prend pour l'incarnation d'un génie de l'enfer, un manieur de couteau qui tranche la tête de ceux qui osent le défier !

— Une mauvaise plaisanterie, je présume.

— Pas du tout ! Il a menacé plusieurs personnes, dont moi-même, avec un énorme couteau de boucher, et il n'avait pas l'air de plaisanter. « Je suis le génie vengeur et l'avaleur des âmes », prétendait-il.

— En ce cas, il faut l'enfermer !

— Nous sommes en Égypte, superintendant, et Faxmore est loin d'être un fou. Il vit l'antiquité à sa manière et il sait parfaitement mener sa barque. L'arrivée de Langton ne lui a pas fait plaisir, c'est certain, mais de là à l'accuser...

— J'ai cru comprendre que Langton avait une amie, Domenica Strauss.

— Ah, quelle horrible femme ! Celle-là, elle est capable de tout, vraiment de tout !

La colère empourpra l'égyptologue français.

— Pourriez-vous être plus précis ? demanda Lord Percival.

— Que voulez-vous que je vous dise de plus ? Cette Domenica n'a pas cessé d'intriguer depuis qu'elle est arrivée en Égypte, et Dieu sait ce qu'elle a pu imaginer pour faire tomber Howard Langton dans ses filets ! Si vous cherchez de ce côté-là, vous ne devriez pas être déçu. Oh, je suis désolé ! Un rendez-vous urgent m'oblige à vous quitter. Vous ne m'en voulez pas, j'espère ? Nous nous reverrons peut-être. Pour moi, ce serait un plaisir.

Villabert Glotoni se faufila dans la foule avec agilité et sveltesse. En quelques instants, il disparut.

— À la longue, estima le superintendant, ce gaillard est difficile à supporter. Je me demande s'il joue un personnage ou s'il est sincère.

— Puis-je vous inviter à boire une bière fraîche à l'hôtel, mon cher Dodson ?

— J'ai l'impression que nous piétinons, Lord Percival.

— Plus ou moins. Nous avons déjà entrevu quelques pistes dont certaines pourraient se révéler fructueuses.

— La police égyptienne va probablement nous mettre des bâtons dans les roues.

— À nous de savoir contourner l'obstacle.

— Dites-moi, Lord Percival... Ce Glotoni ne traîne-t-il pas derrière lui une odeur insupportable ?

— Un parfum à l'essence de rose, typiquement égyptien. On le trouve facilement dans les souks.

20.

Le moment du couchant, où les dunes se paraient d'or pendant que le Nil s'argentait, était toujours aussi magique. Même les rumeurs de la ville semblaient s'éteindre pour laisser place à la paix du soir, à cet instant de grâce qui voyait le jour et la nuit célébrer d'impossibles noces.

La chaleur avait baissé et la bière était excellente. Angus Dodson avait repris des forces, mais il redoutait de ne pas supporter très longtemps un tel climat, désespérément privé de pluie et de brouillard.

Un maître d'hôtel en livrée rouge s'inclina devant le superintendant.

— Votre appel téléphonique, monsieur.

— Scotland Yard ?

— C'est ce qu'on m'a dit au téléphone. Nous venons d'obtenir la ligne.

Dodson se précipita, décidé à ne plus lâcher cette précieuse communication jusqu'à ce qu'il ait obtenu le renseignement désiré. D'un pas martial, il se dirigea vers le téléphone.

Le même maître d'hôtel s'inclina devant l'Écossais et lui présenta un plateau de cuivre sur lequel était posée une enveloppe.

— Un message pour vous, Lord Percival.

Ce dernier décacheta l'enveloppe.

Le message était bref :

Si vous voulez connaître la vérité, allez à la chambre 102.

Il comportait une faute d'orthographe, le mot « vérité » étant écrit « véritée » ; de plus, les mots « vous » et « allez » étaient écrits à l'envers, de la droite vers la gauche.

Estimant que Dodson ne serait pas de retour avant un bon quart d'heure, Lord Percival se résolut à entreprendre l'exploration préconisée par son mystérieux correspondant.

À cette heure-là, l'hôtel en réfection était silencieux et désert.

L'Écossais progressa sans bruit dans le couloir obscur qui menait à la chambre 102.

Soudain, il eut la sensation d'être suivi.

Non loin de lui, le parquet craqua.

Il retint son souffle, s'immobilisa puis, avec lenteur, retourna en arrière pour surprendre celui qui l'épiait.

Lord Percival n'était ni un boxeur émérite ni un lutteur expérimenté, mais il avait pratiqué plusieurs sports et ne partait jamais battu d'avance. À Eton, il n'avait pas succombé devant trois Londoniens qui avaient eu des propos désobligeants à l'égard des Highlands et s'étaient retrouvés avec quelques bosses et le nez tordu.

Le parquet craqua de nouveau, mais il ne s'agissait que d'un gémissement du bois. Ne discernant aucune présence humaine, le châtelain reprit sa progression.

Il tourna la poignée de porte de la 102 qui n'était pas fermée à clé et s'y glissa avec la souplesse d'un félin.

La chambre avait été rénovée et offrait un confort appréciable.

Sur le lit, une grande enveloppe de fabrication locale.

Lord Percival l'ouvrit. Elle contenait une amulette en faïence, un crocodile sur le dos duquel était inscrit « Howard Langton » en lettres majuscules de couleur rouge. L'objet n'avait rien d'ancien et sortait d'un médiocre atelier de faux.

L'Écossais sourit.

Par conscience professionnelle, il examina le reste de la chambre. Comme il le prévoyait, il ne découvrit rien d'autre. Porteur de l'indice providentiel qui venait de lui être donné, il retourna sur la terrasse et attendit Dodson en goûtant le calme de la nuit naissante.

Le superintendant réapparut une demi-heure plus tard, en s'épongeant le front.

— J'ai eu le Yard ! annonça-t-il triomphalement. À Londres, tout va bien : il y a un superbe smog de saison et aucun scandale, même mineur, ne touche Sa Majesté. En revanche, les rapports administratifs s'empilent sur mon bureau et l'on attend mon retour avec impatience, d'autant plus que le grand patron a reçu un télégramme du commissaire Abdel-Atif qui lui indique que l'affaire est résolue et que le coupable a été arrêté. J'ai objecté que ce n'était pas notre vision de la réalité et que nous n'avions pas encore abouti à une conclusion définitive.

— Et à propos de Scottish Brewer ?

— C'est une marque bien connue qui, d'après le fichier du Yard, ne possède même pas de distilleries clandestines. En revanche, elle a un bureau au Caire pour étudier la possibilité d'ouvrir un marché en Égypte. Les tractations ont commencé il y a un an, environ, mais elles traînent en longueur.

— Passionnant, estima Lord Percival. Vous avez une adresse ?

— Une adresse et le nom d'un correspondant égyptien.

— Magnifique, mon cher Dodson. De mon côté, je n'ai pas été inactif.

— Que s'est-il passé ?

— Quelqu'un cherche à nous aider, superintendant.

— À nous aider... De quelle manière ?

— En nous orientant sur la piste de l'assassin.

— Mais... qui est ce collaborateur inattendu ?

— Un personnage plutôt maladroit et qui laisse vraiment trop de traces derrière lui. Les indices, eux, sont très parlants.

Le châtelain montra à Dodson l'amulette en forme de crocodile.

— Cet objet est aussi ridicule qu'affreux... Mais il porte le nom d'Howard Langton !

— Que pensez-vous de la couleur de l'encre ?

— Du rouge... A-t-elle une signification particulière ?

— En l'occurrence, c'est une sorte de maléfice. Celui qui a écrit en rouge le nom de Langton sur ce crocodile lui voulait du mal.

— Autrement dit, cette horrible babiole appartiendrait au criminel ?

— C'est une conclusion logique.

— Et... à qui pensez-vous ?

— Qui porte une amulette en forme de crocodile, sinon Abou, le géant nubien arrêté par la police égyptienne ? Si l'on interprète correctement cet indice, il signifie qu'Abou avait jeté un sort sur Howard Langton et voulait dévorer sa proie comme un crocodile.

— Abou serait donc le coupable...

— C'est du moins ce que l'on souhaite nous faire croire pour que nous quittions ce pays au plus vite.

— Mais... que comptez-vous faire, Lord Percival ?

— Rêver encore quelques minutes à la splendeur des dynasties pharaoniques, dîner sobrement, passer une bonne nuit, puis aller demander à l'auteur du message qui accuse Abou si ses révélations sont sérieuses. Profitez bien de l'Old Cataract, mon cher Dodson ; dans une existence humaine, les moments de rêve éveillé ne sont pas si fréquents.

21.

Lord Percival et Dodson surprirent le commissaire Omar Abdel-Atif alors qu'il glissait une tomate fraîche et des oignons à l'intérieur d'une galette chaude qui sortait de la boulangerie voisine.

— Chers amis ! Vous êtes bien matinaux.

— N'est-ce pas une heure délicieuse pour travailler ? interrogea l'Écossais.

— Il fait encore un peu frais, mais vous n'avez pas tort... Que donnent vos investigations ?

— Nous avançons pas à pas, commissaire, dans le plus strict respect de la légalité.

— Vous m'en voyez ravi ! Et je peux vous avouer que j'ai une intuition : Abou ne tardera pas à avouer.

— Curieux...

Omar Abdel-Atif considéra son interlocuteur avec circonspection.

— Qu'est-ce qui vous étonne, Lord Percival ?

— Un indice inattendu corrobore votre hypothèse.

Un large sourire illumina le visage de l'Égyptien.

— Ah, vous voyez bien ! J'étais certain que la raison finirait par l'emporter.

— Précisément, tout tend à prouver que l'on veut faire passer Abou pour coupable, ce qui renforce la présomption d'innocence.

Le sourire disparut.

— Je ne vous comprends plus du tout, Lord Percival.

— Je vous dois quelques explications, mon cher commissaire. Quelqu'un m'a fait parvenir un indice, plutôt grossier, pour me faire admettre qu'Abou avait tenté d'ensorceler Howard Langton, autrement dit de le tuer. Et comme cette opération de magie noire n'a pas suffi, le Nubien est passé à un acte plus brutal en poignardant l'homme qu'il détestait.

— Voilà une excellente reconstitution des faits, Lord Percival ! Que lui reprochez-vous ?

— Quelques petits détails troublants... L'auteur du message savait que je résidais à l'Old Cataract. Il n'était pas très familier de ma langue, puisqu'il a commis des fautes d'orthographe en rédigeant le message. Il était égyptien, puisqu'il a écrit certains mots de droite à gauche, et non de gauche à droite. Enfin, il avait tout intérêt à voir cette enquête close au plus vite pour éviter tout ennui administratif et se débarrasser sans tarder d'une affaire compliquée. Il fallait donc me convaincre d'adopter le point de vue de cette personne qui plaide pour la culpabilité d'Abou.

Le visage du commissaire Omar Abdel-Atif avait pris une teinte curieuse, mélange de brun délavé et de gris cendré.

— Par conséquent, dit-il d'une voix étouffée, vous ne considérez pas cet indice comme... sérieux.

— Je le considère comme une sorte de facétie, dit Lord Percival avec la sévérité d'un professeur face à un élève convaincu de tricherie.

Omar Abdel-Atif avala sa salive.

— Votre position me paraît très convaincante, Lord Percival. Peut-être serait-il bon d'oublier cet incident et de ne le faire figurer dans aucun dossier.

— C'est bien mon avis.

Le policier égyptien respira mieux.

— Oublions, oublions ! recommanda-t-il avec empressement. La paperasserie est l'un de nos petits défauts, et il vaut mieux ne pas s'y arrêter.

Prenant brusquement conscience d'une réalité fort désagréable, le commissaire Abdel-Atif se crispa de nouveau.

— Si Abou n'est pas coupable... Qui soupçonnez-vous ?

— Il est encore trop tôt pour formuler une hypothèse raisonnable, mais le superintendant Dodson et moi-même ne renonçons pas à découvrir la vérité. J'aurais un petit service à vous demander.

— Tout ce que vous voudrez, Lord Percival.

— Pourriez-vous m'organiser un rendez-vous discret avec Abd el-Mossoul ? Je suppose qu'il n'aime guère rencontrer des enquêteurs, mais m'entretenir avec lui est indispensable.

— Si vous pouviez renoncer à ce projet, Lord Percival... Abd el-Mossoul est un vieil homme, on prétend qu'il est beaucoup moins dangereux qu'autrefois, mais la prudence s'impose, à mon avis... Si cette entrevue n'était pas vraiment indispensable...

— Elle l'est vraiment.

— Ah... Et vous n'êtes pas homme à changer d'avis ?

— Rarement lorsque l'essentiel est en jeu.

— Bien, bien... je ferai de mon mieux.

— Je n'en attendais pas moins de vous, commissaire.

L'un de ses subordonnés annonça au commissaire Abdel-Atif la visite du docteur Boutros.

Toujours vêtu de son sévère costume marron, sa lourde mallette noire à la main, le praticien copte salua le châtelain, le superintendant et le policier égyptien.

Il s'assit, nettoya les verres épais de ses lunettes à monture d'écaille, et prit la parole sur un ton sentencieux.

— La science moderne est une remarquable conquête de l'esprit humain, messieurs. Grâce à elle, nous pouvons lutter de manière efficace contre le crime.

Ce discours ravit le chef superintendant Dodson. L'espace d'un instant, il se crut à Scotland Yard, assisté de toutes les techniques les plus modernes.

— Grâce aux experts de mon laboratoire, reprit le docteur Boutros, j'ai réussi à établir une heure du crime à peu près fiable.

Lord Percival sentit que son ami copte ménageait ses effets et il se garda bien de l'interroger. Après une trentaine de secondes, le docteur Boutros consentit à donner l'information capitale.

— Vous pouvez considérer comme un fait établi qu'Howard Langton a été assassiné entre 16 h 30 et 17 heures.

— Vous en êtes absolument sûr ? demanda le commissaire Abdel-Atif.

— Aucun doute possible. Et ce n'est pas tout : comme le col de la chemise de la victime m'avait intrigué, j'ai fait procéder à une analyse très poussée. Je peux donc vous apprendre que ce col avait été imprégné d'aromates.

— Langton aimait peut-être se parfumer, avança le superintendant.

— À ce point-là, objecta le docteur Boutros, c'est invraisemblable ! Et un Britannique convenable ne saurait se parfumer de cette manière. Si vous n'avez plus besoin de mes services, messieurs, je regagne Le Caire.

Quoique pensif, Lord Percival n'oublia pas de remercier le légiste pour sa collaboration.

22.

Le commissaire Omar Abdel-Atif croisa les mains sur son ventre rebondi.

— Écoutez, Lord Percival, je ne peux quand même pas répondre favorablement à toutes vos requêtes !

— Je l'admets volontiers, commissaire. Mais, dans le cas présent, reconnaissez qu'il s'agit d'une démarche purement professionnelle.

— C'est exact, approuva Dodson. D'après le rapport du légiste, il est clair qu'Howard Langton a été assassiné entre une heure et une heure et demie avant la réunion des égyptologues sur la terrasse de l'Old Cataract. Donc, tous les suspects qui auront un alibi solide pour l'heure du crime pourront être innocentés.

— Je ne vais quand même pas interroger toutes ces personnalités ! Et puis elles pourraient mentir... Et comment vérifier ? Une telle entreprise ne débouchera que sur des incidents diplomatiques.

— Ne vérifions qu'un seul alibi, proposa l'Écossais : celui d'Abou.

— Est-ce bien nécessaire ?

Dodson hocha la tête affirmativement. Le commissaire Abdel-Atif soupira.

— Comment désirez-vous procéder ?

— Voulez-vous faire venir Abou ? suggéra Lord Percival.

— Puisqu'il n'y a pas moyen de faire autrement...

Deux policiers amenèrent le géant nubien au visage impassible.

— Comment allez-vous, monsieur Abou ? questionna Lord Percival.

— Aussi bien que possible, Votre Présence. Grâce à vous, j'ai été bien traité. La nourriture est médiocre, la prison d'une infinie tristesse, mais on me laisse tranquille. Et comme j'ai signé un traité de paix avec le temps qui passe, tout va pour le mieux.

— Notre enquête progresse, je dois vous poser une question importante. Acceptez-vous d'y répondre ?

— Oui, Votre Présence.

— Le jour de l'assassinat d'Howard Langton, où vous trouviez-vous entre 16 h 30 et 17 heures ?

Le Nubien prit un long temps de silence.

— D'ordinaire, c'est une question à laquelle j'aurais eu quelque difficulté à répondre avec précision.

— Vous voyez bien ! s'exclama le commissaire Abdel-Atif. Abou n'a aucun alibi !

— Ce jour-là n'était pas un jour ordinaire, continua le Nubien, sans se laisser troubler. Je n'étais de service qu'en fin d'après-midi. En Orient, nous n'accordons pas beaucoup d'importance à l'heure, mais si l'on veut garder sa place à l'Old Cataract, il vaut mieux se plier aux coutumes occidentales. Conformément aux instructions reçues, je me suis présenté à 17 h 30 à mon supérieur qui m'a confié ma nouvelle mission : examiner de fond en comble la chambre d'Agatha Christie pour préparer sa rénovation.

— Ça ne t'innocente pas du tout, estima le commissaire. Qu'est-ce que tu faisais avant cette heure-là ?

— Je me reposais chez ma grand-mère, au village, et je ne l'ai quittée qu'à 17 h 15.

— Comment peux-tu donner une heure aussi précise ! s'insurgea Abdel-Atif. Tu racontes n'importe quoi !

— Je dis la vérité, affirma Abou, serein. Le fils de ma sœur venait de recevoir une montre pour son anniversaire, et il a été très fier de me donner l'heure quand j'ai pris une felouque pour traverser le Nil.

— Cesse de mentir, Abou ! Tu aggraves ton cas !

— Je vous propose de vérifier, dit le superintendant.

Omar Abdel-Atif s'enfonça dans son siège, incapable de résister à Scotland Yard. Pourtant, s'il était un endroit où il ne souhaitait pas se rendre, c'était bien le village d'Abou.

Une partie de l'île d'Éléphantine était occupée par un village nubien qui sommeillait à l'ombre des palmiers. Les maisons aux façades peintes en jaune, en ocre, en vert ou en bleu étaient séparées par d'étroites ruelles où régnait une ombre bienfaisante.

Abou, toujours encadré par deux policiers en uniforme, guida les deux Britanniques et le commissaire vers sa demeure familiale qui occupait tout un pâté de maisons. Sur l'un des murs, une sorte de bande dessinée représentait le voyage du grand-père à La Mecque, depuis son départ d'Éléphantine jusqu'au lieu saint par excellence en passant par un inoubliable voyage en avion.

— Abou ! s'exclama une vieille femme vêtue de noir, mais non voilée. Qu'est-ce qui t'arrive ?

— Rien de grave, grand-mère. La vérité finira par triompher. La police souhaiterait interroger Mohamed.

— Il joue au football avec ses copains. Venez tous boire un peu d'eau fraîche.

Dodson jugeait curieux le comportement du commissaire Abdel-Atif qui se cachait derrière ses hommes pour ne pas être aperçu par la vieille femme qui poussa une porte peinte en bleu et fit pénétrer ses hôtes dans une cour ombragée. Dans un angle, un édicule en terre cuite sur lequel était posée une grosse jarre gardant l'eau fraîche.

On s'assit sur des bancs de bois et la grand-mère, avec des gestes solennels, offrit à chacun un peu du précieux liquide.

Et elle vit le commissaire.

— Toi, Omar ! Mais quelle bêtise as-tu encore commise pour grimper dans ta maudite hiérarchie ? Tu sais bien qu'Abou est un brave garçon, parfaitement honnête !

Comme la plupart des mâles égyptiens, le commissaire Abdel-Atif redoutait plus que tout ce genre de matrone qui faisait la loi chez elle et n'y tolérait aucune autre autorité.

— C'est une affaire un peu compliquée, et il faut que la police...

— Cesse de dire des sottises ! Tu as besoin d'embêter quelqu'un pour ton avancement et tu as choisi Abou parce que tu n'avais personne d'autre sous la main et que ce pauvre garçon ne peut pas se défendre. C'est mal, très mal, et tout le village va se révolter si tu ne le libères pas immédiatement !

La grand-mère n'allait pas tarder à se montrer violente. Par chance pour le commissaire, le jeune Mohamed fit irruption dans la maison.

À son poignet, une montre neuve.

— On a gagné par treize buts à zéro, annonça-t-il fièrement.

Le commissaire tenta de reprendre la situation en main et exigea le témoignage du jeune sportif à propos des occupations d'Abou le jour du crime.

Mohamed confirma les dires du géant nubien, de même que la grand-mère et une dizaine d'autres membres de la famille surgis de l'intérieur de la maison. Tous exigèrent que le commissaire notât soigneusement leurs déclarations.

— Mon cher collègue, remarqua Dodson, la conclusion ne s'impose-t-elle pas d'elle-même ?

Omar Abdel-Atif tenta un ultime baroud d'honneur.

— Je ne vois pas ce que vous voulez dire...

— N'importe quel tribunal innocenterait Abou. Le retenir en détention plus longtemps nuirait à votre carrière.

L'Égyptien dut admettre que son collègue n'avait pas tort.

— Bon... Je vais m'occuper des formalités. Mais si Abou est innocent, ça signifie que quelqu'un d'autre est coupable ! Et qui vais-je arrêter, moi ?

23.

Le soleil se levait sur le temple de Philae, le domaine d'Isis, la grande magicienne. Philae, que le romancier français Pierre Loti avait surnommée « la perle de l'Égypte », occupait toute la surface d'une petite île, longue d'environ quatre cents mètres et large de cent trente-cinq. Ici, nulle place pour le profane. Les prêtres de l'ancienne Égypte y accueillaient la « déesse lointaine », lionne furieuse revenant du Grand Sud, et que les rites transformaient en chatte douce et bienveillante. À Philae régnaient la musique et l'amour et, sur ce site incomparable, la déesse Isis révélait à ses fidèles le secret de la résurrection.

Bien que Dodson se sentît plutôt mal à l'aise dans la petite barque à moteur qui le conduisait vers l'île en compagnie de Lord Percival, il oublia ses craintes, fasciné par le paysage.

Tout à coup, le monde moderne n'existait plus. Il n'y avait plus que les pylônes du temple d'Isis dressés vers le ciel bleu, ce rocher habité par la déesse, sanctuaire trônant au milieu des eaux, loin des turpitudes humaines.

Le crâne protégé par son voile blanc, engoncé dans son costume colonial trop étroit, le superintendant avait le mal de mer. Impeccable dans son costume blanc immaculé, coiffé de son chapeau au large bord, fleurant bon une lavande raffinée, Lord Percival contemplait Philae avec recueillement.

La barque accosta le petit débarcadère en souplesse. Le capitaine aida Dodson à se lever et à cheminer sur une planche étroite qui menait à la terre ferme.

Lord Percival et Dodson grimpèrent les marches d'un escalier moderne, puis le châtelain se dirigea vers sa gauche pour faire découvrir au superintendant une vaste esplanade bordée de colonnades. Celle qui se trouvait du côté de l'eau évoquait la galerie d'un cloître. Ici, pendant des siècles, des prêtres au crâne rasé, vêtus de lin, avaient médité sur les mystères de la déesse.

Chaque chapiteau était une plante, surgie de l'océan primordial d'où naissait toute vie. De ce lieu se dégageait une extraordinaire impression de sérénité, comme si le temps s'était arrêté, comme si une procession de fidèles d'Isis allait surgir des temps anciens pour se diriger vers l'entrée du temple.

Le superintendant fut subjugué par tant de perfection. Pendant quelques instants, il oublia Scotland Yard, l'Angleterre et la mort tragique d'Howard Langton. Puis la conscience professionnelle reprit le dessus.

— Pourquoi sommes-nous ici, Lord Percival ?

— Le commissaire Abdel-Atif nous a obtenu un rendez-vous très discret avec Abd el-Mossoul. C'est dans ce temple qu'il accepte de nous rencontrer.

Un groupe de touristes débarquait. D'abord bruyants, les visiteurs se calmèrent en découvrant le domaine de la déesse.

Un homme âgé, vêtu d'une longue galabieh bleu pâle et portant un bonnet de cuir orné d'un fin liséré d'or, se dirigea vers les deux policiers.

— La paix soit sur vous, Lord Percival et superintendant Dodson. Cette journée n'est-elle pas magnifique ?

— Merci d'avoir accepté de converser avec nous, Abd el-Mossoul.

— Quand on n'a rien à se reprocher, pourquoi ne converserait-on pas avec la police, d'où qu'elle vienne ? Certains membres de ma famille ont eu quelques difficultés avec les Anglais comme avec les Égyptiens, il y a bien longtemps... Tout cela appartient au passé. À présent, ma famille est honorablement considérée. Faisons quelques pas, voulez-vous ?

Bien qu'il eût dépassé quatre-vingts ans, Abd el-Mossoul avait la vigueur d'un homme mûr. L'œil était pénétrant, le geste sûr, la démarche alerte. Dans la main droite, il tenait un chapelet qu'il égrenait des heures durant en récitant les versets du Coran appris par cœur pendant son adolescence.

L'Égyptien marchait lentement, comme pour savourer le moindre instant. Ses hôtes se réglèrent sur son rythme.

— Avez-vous déjà visité ce temple ?

— Pour M. Dodson, répondit Lord Percival, c'est la première fois.

— Alors, que le superintendant fasse un vœu. La première rencontre avec Isis est une sorte de miracle dont il faut savoir profiter.

— Je n'ai qu'un vœu à formuler, dit Angus Dodson avec gravité : connaître la vérité sur la mort tragique d'Howard Langton et identifier son assassin.

— Osiris, l'époux d'Isis, a lui aussi été assassiné, rappela Abd el-Mossoul. L'assassin, Seth, a été identifié et châtié. Puisse la déesse vous exaucer, superintendant, et mettre fin au plus vite à cette triste affaire qui nous désole tous.

— Vous savez sans doute qu'Abou a été définitivement innocenté.

— C'est une excellente nouvelle. Abou est un brave garçon, et l'accuser de meurtre était vraiment ridicule. Mais il faut comprendre un fonctionnaire comme le commissaire Abdel-Atif : il travaille beaucoup, il est mal payé et il ne veut pas d'ennuis avec sa hiérarchie.

— Mais il a quand même mis un innocent en prison, protesta le superintendant, et Abou aurait pu être condamné à la peine capitale !

— Malgré les vicissitudes de l'existence, la vérité finit toujours par triompher. Grâce à vous, Abou n'a subi qu'un léger préjudice.

— On m'a dit que vous ne vous entendiez pas très bien avec lui, avança Lord Percival.

Abd el-Mossoul eut un léger sourire.

— L'un de mes fils désirait l'employer comme domestique dans sa demeure de Louxor. Abou aime trop Assouan pour quitter cette ville, et il a refusé. Mon fils a considéré cette fin de non-recevoir comme une insulte, et le ton a monté. J'ai dû intervenir pour calmer le jeu, et tout est rentré dans l'ordre. Voilà notre seul différend avec ce brave Abou qui jouit de l'estime générale et fait un excellent travail à l'Old Cataract. Il est d'ailleurs très apprécié de ses supérieurs et des touristes.

La façade du premier pylône du temple d'Isis était à la fois élégante et puissante. Représentée de grande taille de part et d'autre de la porte, la déesse émettait son fluide magique pour permettre à Pharaon de terrasser ses ennemis visibles et invisibles, et le faisait admettre dans la confrérie des divinités.

— Que pensiez-vous d'Howard Langton ? demanda Lord Percival à Abd el-Mossoul.

L'Égyptien demeura silencieux une longue minute.

— C'était un homme à part. Tout à fait à part.

24.

Le trio composé d'Abd el-Mossoul, de Lord Percival et d'Angus Dodson franchit la porte du temple d'Isis et pénétra dans la grande cour que fermait le second pylône, désaxé par rapport au premier. Sur le côté gauche de la cour, le mammisi, un petit sanctuaire où l'on célébrait la naissance d'Horus, le fils d'Osiris ressuscité. Par sa magie et sa connaissance des remèdes, Isis devait protéger le jeune enfant des maléfices de Seth pour lui permettre de grandir et de devenir le futur pharaon d'Égypte. Ainsi la grande déesse continuait-elle à lutter contre le mal et les ténèbres.

Abd el-Mossoul s'immobilisa.

— J'ai rencontré beaucoup d'Européens au cours de ma longue vie, confessa-t-il, des égyptologues, des hommes d'affaires, des aventuriers, des esprits forts, bref, des hommes de toutes sortes... Mais cet Howard Langton présentait une étrange caractéristique : il était foncièrement honnête. Pas un peu honnête, ou honnête à l'occasion ou en certaines circonstances, ou bien encore par obligation, non : foncièrement honnête. Quelqu'un de vraiment très étrange, par conséquent. Une anomalie qui aurait dû faire de Langton une pièce de musée.

— Pourquoi être aussi affirmatif ? demanda Lord Percival.

— L'instinct d'un vieil homme est comparable à celui du pêcheur ou du chasseur, et ne saurait le tromper.

— Que savez-vous d'autre sur Langton ? interrogea Lord Percival.

— Rien d'autre. À mon âge, on se prépare à l'au-delà et l'on ne s'intéresse plus guère à l'existence d'autrui.

— Son collègue, Steven Faxmore, était-il en bons termes avec lui ?

— Question difficile : comment puis-je juger des relations exactes entre deux Britanniques, l'un Anglais, l'autre Écossais ? D'après ce que je crois savoir, cette différence creuse un fossé particulièrement difficile à combler.

— Vous avez rencontré Faxmore, je suppose ?

— C'est un homme qui s'agite beaucoup et qui connaît moins bien l'Égypte qu'il ne l'imagine. En fait, il ne s'intéresse pas vraiment à mon pays et poursuit un rêve qui n'a sans doute pas grand-chose à voir avec la science. Faxmore est un homme redoutable, certes, et il ne faut pas le prendre à la légère, mais il se cassera les dents car il n'a pas les moyens de son ambition.

— Et quelle est cette ambition, à votre avis ? interrogea Dodson.

— Comment le saurais-je ?

Abd el-Mossoul s'immobilisa devant l'entrée du deuxième pylône du temple d'Isis.

Le superintendant perçut son trouble.

— Ne désirez-vous pas visiter la salle à colonnes ?

— Non, monsieur Dodson. On a beau dire qu'il ne s'agit que de sites archéologiques et que la déesse Isis est morte, moi, je n'en crois pas un mot et je me méfie de sa magie. Je suis un bon musulman et je veux le rester. Pénétrer dans un sanctuaire comme celui-là n'est pas dépourvu de risques, et je ne souhaite pas les prendre. Allons vers le pavillon de Trajan, c'est un endroit délicieux.

Le trio sortit du temple de la grande déesse et se dirigea vers l'élégant pavillon aux quatorze colonnes, construit sous le règne de l'empereur romain Trajan pour abriter la barque de la déesse.

— L'égyptologue allemande Domenica Strauss semble avoir été très liée avec Howard Langton, révéla Lord Percival. Est-ce votre avis ?

— Je ne la connais pas, répondit Abd el-Mossoul.

— En revanche, vous devez bien connaître Albertine Abletout.

Le vieil Égyptien leva les yeux au ciel.

— Elle est elle-même, inspecteur, et c'est déjà beaucoup ! Beaucoup trop pour les autres, en vérité. Si l'on veut jouir d'un peu de paix et de tranquillité, il est recommandé de ne pas s'approcher de cette personne.

— Son compatriote Villabert Glotoni semble beaucoup plus aimable.

— Tout dépend de ce que vous entendez par « aimable »... C'est quelqu'un que je n'ai pas envie de connaître, et nous ne nous fréquentons pas.

Abd el-Mossoul emmena les deux Britanniques jusqu'au petit temple d'Hathor, surnommé « l'enclos de l'appel ». C'était là que la déesse était accueillie par des musiciens et des musiciennes qui la charmaient en jouant du luth et en chantant des psalmodies.

— Que pensez-vous du docteur Alan Qerry ? questionna Lord Percival.

— Rien. Ce n'est pas un homme qui fréquente les provinces du Sud.

— Je vous avoue qu'il m'intrigue.

— Le soupçonneriez-vous... de crime ?

— Je ne possède encore aucun indice sérieux allant dans ce sens, mais son rôle, dans ce drame, demeure encore énigmatique.

— Si je perçois bien votre détermination, Lord Percival, je suis persuadé que vous réussirez à l'élucider. Vous n'êtes certainement pas homme à vous décourager et à laisser dans l'ombre ce qui doit être amené à la lumière.

— Êtes-vous un ami de l'inspecteur des Antiquités Ahmed al-Fostat ?

Pour la première fois, le vieillard parut irrité.

— Al-Fostat mène sa carrière comme il l'entend. C'est son affaire, pas la mienne.

— Dois-je comprendre que son comportement vous semble douteux ?

— Vous devez comprendre que nous ne sommes pas dans le même camp et que nous n'évoluons pas sur le même territoire.

— Une idée, sans doute fantaisiste, m'est venue à l'esprit, dit l'Écossais sur le ton de la confidence. Les circonstances ne vous auraient-elles pas mis sur la piste d'une sorte de trésor ?

Le visage d'Abd el-Mossoul se ferma.

— Je sais que le passé est le passé, poursuivit Lord Percival, et que les fouilles clandestines sont de plus en plus rares, voire inexistantes. Mais supposons un instant que l'on vous ait informé de la présence de pièces archéologiques de grande valeur à un endroit difficilement accessible. Quelle aurait été votre réaction ?

— Vous avez répondu vous-même : tout cela appartient au passé et ne me concerne plus, ni de près ni de loin. Il commence à faire chaud, et je suis un vieil homme. Poursuivez tranquillement votre visite du temple de Philae. Moi, je vais me reposer.

25.

Le commissaire Abdel-Atif semblait au bord de la dépression. Il avala son douzième café turc depuis le début de la matinée.

— Avez-vous vu Abd el-Mossoul ?

— À Philae, comme convenu, répondit Lord Percival.

L'Égyptien était visiblement inquiet.

— L'entrevue s'est-elle bien déroulée ?

— Elle a bien commencé et s'est moins bien terminée.

— Vous voulez dire... mal terminée ?

— Abd el-Mossoul n'a pas apprécié ma dernière question, avoua le châtelain.

— Mais... Que lui avez-vous demandé ?

— S'il n'était pas sur la piste d'un trésor caché.

Le commissaire eut le souffle coupé.

— Mais... Mais... C'était le seul sujet qu'il fallait éviter !

— Au contraire, cher ami ! Comme vous le confirmera le superintendant, Abd el-Mossoul s'est contenté de propos relativement vagues et a même gardé un silence prudent à propos d'un certain nombre de suspects. Aussi ne me restait-il qu'une solution : le provoquer.

— Et... Vous avez réussi ?

— L'avenir le dira.

— Abd el-Mossoul va réagir de manière violente !

— À mon avis, il n'est pas en position de force, bien au contraire. J'ai même la sensation qu'il se sent menacé par nos investigations. Autrement dit, il a quelque chose à se reprocher.

Le commissaire vida sa tasse de café et mâcha machinalement le marc.

— Rien de plus terrible ne pouvait arriver... Abd el-Mossoul est à la tête d'un véritable réseau et il ne restera pas inactif ! Vous devriez cesser de l'importuner. Ici, il est en terrain conquis.

— Pardonnez mon insistance, mais je crois que nous avons une belle carte à jouer.

— Laquelle ?

— Abd el-Mossoul est inquiet. Il pense que nous détenons des informations qui pourraient lui nuire et il va forcément réagir pour se mettre à l'abri. À son âge, il n'a certainement pas envie d'entamer une guerre contre la police.

L'Égyptien fut un peu rassuré.

— Que proposez-vous ?

— Dans la mesure du possible, faites surveiller Abd el-Mossoul et prévenez-moi s'il se déplace ou s'il a un comportement insolite.

— C'est plutôt risqué...

— Vous disposez certainement de quelques spécialistes de la filature et de quelques indicateurs bien placés. Inutile de modifier votre dispositif habituel, commissaire : mettez-le simplement en alerte.

Le commissaire grommela une réponse incompréhensible.

— Nous aimerions interroger le docteur Qerry, ajouta Lord Percival.

— Ah, justement ! Je le cherche partout, celui-là ! Il a quitté son hôtel et il ne se trouve pas au Caire. Et comme je n'ai rien de précis à lui reprocher, je ne peux pas lancer un avis de recherche sur tout le territoire.

— Il fait tout de même partie des suspects ! s'insurgea Dodson. Vous devriez tout mettre en œuvre pour le retrouver.

— Bon, bon... Je m'en occupe. À propos, j'ai fait libérer Abou. De ce côté-là, l'incident est clos.

À l'Old Cataract, les travaux avançaient à une allure modérée, malgré les demandes pressantes des agences de voyages qui souhaitaient libérer au plus vite leurs flots de touristes, désireux de résider dans le prestigieux établissement.

Les deux Britanniques étaient soignés comme des coqs en pâte, et c'est avec une réelle satisfaction qu'ils virent Abou se diriger vers eux, porteur d'un plateau.

— La direction vous prie d'accepter un verre d'authentique whisky écossais.

Le moral de Dodson s'orienta vers le beau fixe.

— Votre Présence, dit le géant nubien en s'inclinant vers Lord Percival, je tiens à vous remercier pour votre intervention en ma faveur. Sachez que je suis votre obligé à jamais.

— Voir la vérité reconnue n'est-il pas la plus grande des joies ?

— De plus, Votre Présence, vous avez évité une mort violente.

— De quoi parlez-vous ? demanda Dodson, intrigué.

— Si vous n'étiez pas intervenu, ma grand-mère aurait probablement tué le commissaire Abdel-Atif.

— Puis-je vous demander un service, monsieur Abou ?

— Que Dieu me permette de vous aider, Votre Présence.

— Nous recherchons le docteur Alan Qerry, ce personnage bizarre vêtu de noir. Peut-être est-il retourné au Caire, peut-être se trouve-t-il encore dans la région.

— Si c'est le cas, vous le saurez rapidement.

Installé à l'ombre dans un fauteuil confortable, son verre de whisky à la main, le superintendant goûta un moment de plaisir rare.

Deux chiens jouaient au bord du Nil. Lord Percival songea à Abercrombie dont il venait de prendre des nouvelles par téléphone ; en raison de l'absence du châtelain, il était victime d'une légère dépression que soignait le majordome en doublant la ration de fromage de chèvre et de filet de bœuf, et en l'emmenant chaque jour chez Lady Ophelia qui, par la douceur, atténuait la tristesse du chien noir.

Ici, à Assouan, comment imaginer que le crime existait ? Le soleil, le Nil, les palmeraies et le désert composaient un paradis terrestre où l'âme la plus errante aurait trouvé le repos.

Qui n'aurait pas eu envie de poser là ses bagages, de rêver mille vies et de se confier aux dieux et aux déesses qui, malgré les voiles de l'islam, demeuraient présents au cœur des roches et dans le courant du fleuve ?

— Puis-je vous importuner, Votre Présence ?

— Je vous en prie, monsieur Abou.

— Le docteur Qerry n'a pas quitté Assouan.

— Où se cache-t-il ?

— Dans un endroit plutôt surprenant, Votre Présence. Il croyait sans doute passer inaperçu, mais il y a des yeux partout, même dans les solitudes du désert. Si vous le désirez, je vous conduis.

Un sifflement troubla la quiétude du soir.

Abou ceintura l'Écossais et le tira en arrière, mais ce dernier ressentit une brûlure à l'avant-bras droit.

La flèche qui l'avait éraflé vint finir sa course contre une pierre du quai.

— Êtes-vous blessé, Votre Présence ?

— Légèrement... Je crois que vous m'avez sauvé la vie, Abou. À moins que...

Lord Percival ramassa la flèche : son extrémité avait-elle été enduite de poison ?

26.

Dodson faisait les cent pas devant la chambre de Lord Percival. Abou était immobile, les bras croisés et les yeux fixes.

— Mais que font ces docteurs ! pesta le superintendant. Voilà plus d'une heure qu'ils examinent Lord Percival... Et toujours aucune conclusion !

En son for intérieur, le Nubien se demandait si le self-control britannique n'était pas une légende.

— En cas d'empoisonnement, poursuivit Dodson, il faut transporter d'urgence Lord Percival dans un hôpital spécialisé. On ne va quand même pas le laisser mourir comme ça !

La porte de la chambre s'ouvrit enfin.

Les trois médecins en sortirent, le visage fermé, et s'engouffrèrent en palabrant dans un couloir.

Lord Percival apparut. Dodson et Abou retinrent leur souffle.

— Le diagnostic est implacable, déclara le châtelain : la manche de ma veste est bel et bien déchirée. Pour le reste, une jolie égratignure, mais pas trace de poison.

— Il faut retrouver au plus vite votre agresseur, jugea Dodson. Il pourrait recommencer.

— Inch'Allah et chaque chose en son temps, superintendant. Nous avons des tâches plus urgentes.

Le superintendant regrettait le bord du Nil. La chaleur y était difficilement supportable, mais un vent léger offrait au touriste britannique un soulagement non négligeable.

Mais là, dans le désert, les roches et le sable semblaient rendre le soleil encore plus brûlant.

Abou avait emmené ses deux hôtes dans une Jeep que l'on aurait pu considérer comme une antiquité, mais qui réussissait néanmoins à franchir les divers obstacles de la route égyptienne, depuis les nids-de-poule jusqu'aux brusques dévers.

Le véhicule était sorti d'Assouan par le sud et s'était engagé dans un paysage surprenant, formé de blocs de tailles diverses et d'étendues désertiques, visiblement hostiles à toute présence humaine. La technique et l'industrie étaient pourtant lancées à l'assaut de ces solitudes, et des pylônes électriques envahissaient peu à peu le domaine des démons du désert qui, selon les conteurs locaux, prendraient tôt ou tard leur revanche.

La Jeep s'arrêta.

Dodson en descendit avec peine.

— Nous sommes dans les carrières de granit des pharaons, précisa Abou. C'est ici qu'ont été extraits de nombreux blocs utilisés dans leurs gigantesques constructions.

— Aurons-nous à marcher longtemps ? s'inquiéta le superintendant.

— Non, répondit le Nubien. Le docteur Qerry se cache depuis deux jours dans la cabane de chantier que vous voyez là, à une centaine de mètres.

Le trio progressa lentement en direction de la cabane en planches dont la porte était fermée.

— Docteur Qerry, dit l'Écossais d'une voix apaisante, nous souhaitons vous parler.

À l'intérieur de la cabane, on bougea. Un œil se colla contre une fente.

— Je suis Lord Percival Kilvanock, accompagné du chef superintendant Dodson. Pouvez-vous ouvrir la porte ?

L'interpellé cessa de remuer.

— Me permettez-vous d'intervenir, Votre Présence ?

Le châtelain opina du chef.

D'une poigne puissante, le géant nubien ôta la porte de la cabane et la posa sur le sol.

À l'intérieur, un petit homme vêtu de noir, recroquevillé, les mains gantées cachant son visage.

— Allez-vous-en, partez tout de suite !

— Vous n'avez rien à craindre, docteur.

— Qu'est-ce que vous en savez ? Je me cache parce que je suis en danger de mort !

— Votre Présence, souhaitez-vous que je prenne le docteur et que je l'installe dans la Jeep ?

— Que ce monstre ne me touche pas ! hurla Alan Qerry.

— Si vous voulez éviter son intervention, suggéra Lord Percival, vous devriez vous lever et venir avec nous pour discuter en toute tranquillité.

— Je vous dis qu'on veut me tuer ! Si je sors d'ici, un tireur d'élite m'abattra ou un fanatique armé d'un couteau me poignardera dans le dos. Je n'ai rien à me reprocher, moi, et je ne veux pas être la deuxième victime !

— Nous sommes trois, docteur, et nous saurons vous protéger. Allons jusqu'à l'obélisque inachevé. Il y a déjà des touristes sur le site, et nous y serons en sécurité.

— Je reste ici et je ne veux rien vous dire.

— Ce serait regrettable, docteur Qerry, car le commissaire Abdel-Atif vous cherche partout avec l'intention de vous accuser de crime.

Alan Qerry se mit debout.

— Moi ? Mais il est fou !

Le spécialiste des momies avait un nez en forme de bec d'aigle, des pommettes saillantes et des lèvres très fines. Ses joues étaient mangées par une barbe naissante.

Qerry se frappa la poitrine avec son poing.

— Je suis innocent, moi, totalement innocent, mais je sais tout ! Et parce que je sais tout, on va me tuer !

La voix d'Alan Qerry était aussi étrange que son attitude. Tantôt aiguë, tantôt grave, elle ne cessait de monter et de descendre.

— Nous sommes ici pour vous aider, affirma Lord Percival. Si vous acceptez de vous expliquer et de nous mettre sur la piste de l'assassin d'Howard Langton, vous sortirez indemne de cette tragédie.

Alan Qerry regarda l'Écossais par en dessous, avec une méfiance extrême.

— Vous me le jurez ?

— Vous avez ma parole, docteur.

— Donc, vous ne me jetez pas en prison ?

— Il n'en est pas question.

— Quand vous êtes venu jusqu'ici, vous avez remarqué des personnages louches ?

— Aucun. Notre ami Abou connaît parfaitement la région et, grâce à lui, votre protection sera assurée.

— Approchez, Lord Percival.

Le docteur Qerry parla à l'oreille du châtelain.

— Je l'ai remarqué à l'Old Cataract... c'est un Nubien, et je n'aime pas les Nubiens. Ils sont menteurs et violents. Ils me font peur. Vous êtes vraiment sûr de celui-là ?

— Nous avons obtenu la preuve qu'Abou n'a joué aucun rôle dans l'assassinat d'Howard Langton.

— Une vraie preuve ?

— Une vraie.

Le docteur Qerry réfléchit.

— Bon... Je veux bien vous croire. Que cet Abou marche devant. Vous et votre collègue, vous m'encadrerez.

Ainsi fut fait.

Dodson découvrit un site surprenant : dans la roche avait été dégagé un gigantesque obélisque qui, debout, aurait atteint une hauteur de quarante-deux mètres et n'aurait pas pesé moins de mille deux cents tonnes. Il aurait donc été le plus haut jamais érigé par les anciens Égyptiens, mais il était resté couché dans la carrière, car un tremblement de terre avait provoqué une fissure. Aussi les bâtisseurs avaient-ils abandonné le géant de pierre, mort avant d'être vraiment né.

Le quatuor emprunta un petit escalier qui permettait de grimper sur l'obélisque et de marcher sur le colossal corps de granit qui passait son éternité au soleil d'Assouan. Très nerveux, le docteur Qerry ne cessait de regarder aux alentours.

— Pourquoi êtes-vous si inquiet ? interrogea Lord Percival.

— Parce que je sais tout sur l'assassinat d'Howard Langton.

27.

— Ces propos sont-ils vraiment sérieux, docteur Qerry ? demanda Angus Dodson.

— Je suis un scientifique, superintendant, et je n'ai pas l'habitude de dire n'importe quoi. Si je vous affirme que je sais tout, c'est parce que je sais tout. Et c'est bien pourquoi ma vie est forcément menacée.

— Vous devriez vous asseoir, proposa Lord Percival.

Dodson et Qerry s'assirent sur l'un des bords de l'obélisque, les jambes pendant dans le vide. Les bras croisés, Abou resta debout, le regard inspectant les environs.

Le châtelain s'adressa au médecin.

— Je suppose, docteur Qerry, que vous connaissiez bien Howard Langton.

— Vous vous trompez ! Je ne l'ai croisé qu'une seule fois, dans une réception officielle, au Caire, lorsqu'il est arrivé en Égypte. De toute façon, nous n'avions aucune raison de nous rencontrer, puisque nous avions chacun notre domaine et que nos activités ne se recoupaient d'aucune manière.

— Langton était un scientifique de haut niveau, n'est-il pas vrai ?

— Il a été nommé à un poste de direction, c'est tout ce que je sais.

— Qui vous a appris qu'il avait été assassiné ?

La surprise s'inscrivit sur le visage d'Alan Qerry.

— Mais... C'était l'évidence même ! Il venait d'être nommé à la tête de l'archéologie britannique en Égypte et il disparaît ! Donc, on l'a supprimé.

— Et pour quelle raison, docteur ?

— Parce qu'ils le haïssent tous !

— Dans ce « tous », incluez-vous Abd el-Mossoul ?

— Ah non... Il n'est pas égyptologue, mais descendant de pilleurs de tombes. Il a dû participer lui-même à quelques petits vols, ici ou là, mais il s'est bien calmé depuis longtemps et se contente de passer une vieillesse tranquille. « Tous », ce sont les égyptologues !

— Y compris Steven Faxmore ?

— Faxmore voulait mettre la main sur tous les chantiers ! Il avait décidé d'étendre son règne à l'Égypte entière, et voilà que débarque Langton ! La conclusion n'est pas bien difficile à tirer. Auparavant, son ennemie mortelle, c'était la Française Abletout. Ils se livrent une guerre secrète depuis de nombreuses années et n'hésitent pas à se porter les coups les plus bas. Comme la spécialité de Faxmore est de tout savoir sur tout le monde, il exploite la moindre faille. Mais la Française ne lui cède pas un pouce de terrain et, jusqu'à présent, c'était une sorte de match nul ! Chacun avait acquis ses positions et finissait par se contenter de défendre son territoire. Avec l'arrivée de Langton, les données du problème étaient radicalement modifiées. Mieux valait s'unir que de se détruire et additionner ses forces, au moins pour un temps, afin d'éliminer un adversaire dangereux.

— Vous me surprenez, docteur ; Mme Abletout semble être une personne gentille et charmante.

— Gentille et charmante, elle ? On voit que vous ne la connaissez pas ! C'est la pire des pestes. Combien de carrières a-t-elle étouffées, combien de vocations a-t-elle brisées, combien de découvertes a-t-elle détournées à son profit ! La plus cruelle des tigresses aurait intérêt à s'enfuir devant elle. Le malheureux Langton n'a pas eu le temps de prendre conscience du péril qui le guettait.

— Langton avait au moins une alliée, Domenica Strauss.

— Je la déteste ! Pourquoi s'intéresse-t-elle aux momies, celle-là ? Elle n'a qu'à rester dans sa spécialité, au lieu de fouiner partout ! Non, elle n'aimait pas Langton et ne se préoccupait que de sa carrière. Et quand on lui a demandé de rendre service pour se débarrasser définitivement de l'intrus, elle l'a fait sans le moindre scrupule.

— Si je comprends bien, intervint Angus Dodson, vous prônez la thèse d'un complot fomenté contre Howard Langton.

— C'est l'évidence même, superintendant ! Et parmi les conjurés, il y avait Villabert Glotoni, ce Français apparemment léger et futile, à l'incompétence notoire, mais qui est aussi collectionneur d'armes.

— Quelles sont ses préférées ?

— Les poignards africains et les pointes de flèches empoisonnées. Mais vous n'en trouverez pas une seule chez lui... Aussitôt après le meurtre, il a tout revendu sur les marchés. En cas de perquisition, il sera blanc comme neige.

— Comment connaissez-vous l'existence de cette collection ?

— Parce qu'il me l'a montrée ! Et je suis le seul à qui il a réservé ce privilège, sachant que je suis un homme discret et peu bavard. Mais il y a eu un meurtre... Et je ne peux pas me taire.

— Pourtant, objecta Lord Percival, Glotoni n'avait rien à craindre d'Howard Langton.

— Détrompez-vous ! La rumeur prétendait que Langton avait l'intention de remettre de l'ordre sur tous les chantiers de fouilles et d'éliminer les paresseux et les brebis galeuses... Et le rideau de fumée entourant Glotoni n'aurait pas tardé à être dissipé ! Et il y en avait encore d'autres qui allaient passer à la trappe, comme cet inspecteur des Antiquités, Ahmed al-Fostat.

— Que lui reprochez-vous ?

— Il ne connaît rien à l'égyptologie et a acheté son poste pour pouvoir se livrer à une activité beaucoup plus lucrative que la surveillance des chantiers de fouilles : le vol ! Une fois, il a failli être pris la main dans le sac, mais il s'est arrangé avec les juges, et aucune condamnation n'a été prononcée. Bien entendu, il a recommencé et il prend soin de dérober des objets de petite taille, mais d'une grande valeur. Comme al-Fostat est suffisamment habile pour ne laisser aucune trace derrière lui, il continue à sévir en toute impunité.

— Toutes ces personnes se sont donc réunies à l'Old Cataract pour décider de supprimer Howard Langton ?

— C'est exactement ce que j'ai découvert, Lord Percival, et c'est la raison pour laquelle elles veulent toutes me supprimer pour que je ne parle pas !

— Leur échec est consommé, estima Dodson, puisque vous avez eu le temps de nous informer.

Prenant brusquement conscience de cette nouvelle réalité, Alan Qerry se gratta l'oreille.

— Et... Vous allez agir ?

— Bien entendu. C’est pourquoi vous êtes à présent hors de danger.

— Ah oui...

— Pourquoi vous trouviez-vous à l'Old Cataract le jour du crime, docteur Qerry ?

— Le hasard... Il aurait mieux fait de m’entraîner ailleurs !

— Certes pas, puisque votre présence va nous permettre d’arrêter des assassins.

— Vu sous cet angle... Moi, je rentre au Caire. Mes momies m’attendent.

28.

« La victorieuse », « la mère du monde » : telle se présentait Le Caire, dont la découverte étourdit Angus Dodson. Certes, aux heures de pointe, la City londonienne était agitée, mais ce n'était qu'un fleuve tranquille à côté du torrent qui animait, presque en permanence, le cœur de la capitale de l'Égypte moderne.

C'était folie de vouloir conduire soi-même un véhicule. La seule solution consistait à s'en remettre à un chauffeur de taxi, en espérant que ce dernier serait équipé de freins. L'un des sports nationaux consistant à foncer sur les piétons qui tentaient de traverser le flot de voitures, certains automobilistes privilégiaient nettement l'accélérateur. Des Rolls et des Mercedes se mêlaient à des objets roulants difficilement identifiables, les uns richement décorés de talismans et d'amulettes, les autres dépourvus d'une ou deux portières, voire de changement de vitesse.

Quant aux autobus, ils n'étaient certes pas à la portée d'un Occidental. D'une part, il était incapable de découvrir leur destination ; d'autre part, il n'avait pas l'agilité suffisante pour s'accrocher aux grappes humaines elles-mêmes accrochées à tout ce qui dépassait du véhicule collectif, bondé jusqu'à ras bord.

Lorsqu'un autobus cairote tombait dans le Nil, le nombre de victimes était considérable.

Le superintendant ferma les yeux.

Le taxi venait d'éviter de justesse un âne qui tirait une charrette de foin sur laquelle avaient pris place une dizaine d'enfants riant aux éclats.

Lord Percival s'adressa au chauffeur.

— Dites-moi, mon ami, êtes-vous bien certain de savoir où vous allez ?

— Nous y allons, professeur, nous y allons. Mais il ne faut pas être pressé.

— Si vous voulez un bakchich correct, il vaudrait mieux faire demi-tour, prendre la corniche, vous diriger vers le musée égyptien, prendre la rue Champollion. Ensuite, je vous indiquerai.

Le chauffeur de taxi n'osa plus dire un mot. C'était la première fois qu'il tombait sur un étranger capable de se repérer ainsi dans la capitale égyptienne.

Quand le taxi ralentit, Dodson rouvrit les yeux et découvrit un spectacle coloré où se mêlaient des jeunes filles ravissantes vêtues à l'européenne, des femmes voilées, des hommes en galabieh, d'autres en costume raffiné, des gamins qui couraient dans tous les sens, des marchands ambulants qui proposaient du thé ou des boulettes de légumes.

L'éclatement d'un égout provoquait un monstrueux embouteillage que le taxi parvint à contourner en roulant sur un trottoir puis en empruntant un sens interdit et en grillant un feu rouge qui ne passait jamais au vert.

Le véhicule freina en coinçant ses roues contre un trottoir.

— Voilà, professeur. Vous pouvez être content de moi.

Lord Percival paya largement la course et demanda au chauffeur de les attendre. Le moteur du véhicule semblait capable de tenir jusqu'à la fin de la journée.

Avant d'entrer dans l'immeuble, l'Écossais leva la tête.

— Que regardez-vous ? demanda le superintendant.

— Il existe au Caire un certain nombre d'immeubles dits « de la mort subite ». Le plan initial prévoyait trois ou quatre étages, et la construction en compte plus de dix. Au moindre tremblement de terre, l'ensemble risque de s'écrouler. Cet immeuble-là est suffisamment ancien pour tenir debout encore quelque temps.

Sur le seuil, un gardien âgé.

— Vous cherchez quelqu'un, président ?

— M. Mohamed Rashid.

La main du gardien se tendit discrètement, Lord Percival y déposa un billet d'une livre égyptienne.

— Deuxième étage, la porte sur votre droite. Ne prenez pas l'ascenseur, il tombe souvent en panne.

La peinture verte des murs était écaillée. Le châtelain sonna à la porte de « Mohamed Rashid, Director ».

Un jeune homme, portant cravate et chemise blanche, ouvrit.

— Que la paix soit sur vous.

— Que la paix soit sur vous ainsi que la miséricorde d'Allah et ses bienfaits, répondit Lord Percival. M. le Directeur est-il visible ?

— Je vais voir. Asseyez-vous et patientez.

Une redoutable épreuve commençait. L'attente pouvait durer cinq minutes ou cinq heures.

— Cette démarche risque d'être inutile, prophétisa Dodson, pessimiste. Je me demande si nous n'aurions pas mieux fait d'interroger plus à fond ce docteur Qerry dont l'équilibre mental paraît plutôt précaire.

— À moins qu'il ne soit un excellent comédien.

Le jeune homme réapparut.

— M. le Directeur demande si vous avez une carte de visite.

— Bien entendu, répondit Lord Percival qui lui donna un bristol finement gravé.

Trente secondes plus tard, l'accès au bureau fut ouvert. Le châtelain ne révéla pas à Dodson qu'il avait choisi une carte de visite qu'il montrait rarement, car elle comportait l'ensemble de ses quartiers de noblesse.

Mohamed Rashid était un Égyptien heureux, épanoui et gourmand. Pesant cent dix kilos, il avait un goût immodéré pour de délicieuses pâtisseries, malheureusement un peu grasses.

— Je suis particulièrement heureux de recevoir des personnes de votre qualité.

— Tout l'honneur est pour nous, dit l'Écossais. Votre réputation a dépassé les frontières de votre pays.

— Vraiment ?

— La firme qui nous emploie vous considère comme l'un des plus brillants hommes d'affaires égyptiens... mais regrette votre alliance avec Scottish Brewer dont nous sommes des concurrents directs.

— Ah... C'est une situation délicate.

— Très délicate, je le reconnais, mais nous ne perdons pas espoir de nous introduire sur le marché égyptien. Encore faudrait-il remettre en cause les anciens contrats et voir comment nous pourrions échafauder un nouveau plan avec votre concours.

— Je n'y suis pas hostile, dit l'Égyptien, mais je suis lié à un consultant technique auquel la Scottish Brewer tient plus que tout. Me passer de son accord ne sera pas facile...

— Nous pourrions tenter de le convaincre sans vous mettre en cause, bien entendu. Si nous échouons, vous continuerez à travailler avec notre concurrent. Si nous réussissons, nous augmenterons votre prime de façon substantielle.

Les yeux du directeur pétillèrent.

— C'est bien... très bien. Mon consultant technique s'appelle Andrew Johnson et il habite Sharia el-Din.

29.

Découvrir la Sharia el-Din ne fut pas une mince affaire. En raison de l'accroissement permanent et intense de la population, plus aucun Cairote ne connaissait la totalité des rues de sa ville.

Par chance, un chauffeur de taxi fréquentait un vieux gardien d'immeuble dont le cousin était un patron de café pour lequel la capitale n'avait aucun secret.

Les palabres durèrent longtemps, autour d'un excellent thé à la menthe, mais le résultat fut ferme et définitif : la Sharia el-Din était une rue nouvelle, située dans un faubourg où des immeubles modernes venaient d'être construits.

En dépit d'indications relativement précises, le chauffeur se trompa plusieurs fois et finit par tomber sur le bon pâté de maisons.

Aucun immeuble n'était achevé. Des échafaudages en bois se dressaient contre les façades de béton, et personne ne savait quand les ouvriers se remettraient au travail. Et il valait mieux laisser certains bâtiments en l'état pour éviter les taxes sur les constructions terminées.

— S'il faut frapper à la porte de chaque appartement, constata Dodson, il nous faudra plus d'un mois !

— Ici, superintendant, les intermédiaires sont indispensables.

Lord Percival aborda un balayeur qui, d'un geste relativement auguste et très lent, déplaçait un tas de poussière que le vent ramenait à l'endroit d'où il était parti.

— Je cherche Andrew Johnson qui habite dans l'un de ces immeubles.

Le balayeur lui sourit.

— Moi, je viens du Sud, et je ne connais que les membres de ma famille. Mais je pourrais te recommander un collègue.

Le versement du bakchich permit à l'Écossais de rencontrer le collègue en question, nettement plus élevé dans la hiérarchie, puisqu'il assurait la sécurité des voitures du quartier, moyennant une modeste rétribution.

— Andrew Johnson ? Oui, il habite ici. Au rez-de-chaussée du dernier immeuble, là-bas. En ce moment, il n'est pas là.

— Vient-il souvent ici ?

— Non, pas souvent. Et il ne parle à personne.

Malgré un nouveau bakchich, le châtelain ne parvint pas à en savoir davantage.

Sur la porte du local appartenant à Andrew Johnson, une plaque en anglais et en arabe portant la mention : « A.J., Ltd. »

Le responsable de la sécurité surveillait les deux Britanniques du coin de l'œil.

— Johnson est un ami, dit Dodson. Il nous a demandé de l'attendre à l'intérieur.

— Dans ce cas-là, vous avez la clé ?

— Bien entendu.

Bien que de solide souche anglaise, le superintendant Angus Dodson utilisait depuis son adolescence l'une des plus fabuleuses inventions du cerveau humain : le véritable couteau suisse. Avec cet outil qui franchirait sans encombre les millénaires, il était possible de réparer n'importe quelle machine, de déboucher n'importe quelle bouteille et d'ouvrir n'importe quelle porte.

Un dernier bakchich dissipa la méfiance du surveillant. Après tout, il ne s'agissait que d'une affaire entre étrangers, et il n'avait pas à s'en mêler.

Dodson trouva l'interrupteur.

Une grosse ampoule éclaira un garage transformé en atelier. Des établis, des cuves métalliques, des récipients de taille diverse, des alambics en cuivre.

Le superintendant fit quelques pas pour explorer ce curieux univers.

— Si je ne m'abuse, c'est une brasserie en réduction !

Lord Percival venait d'ouvrir un sac de jute et de goûter le produit qui s'y trouvait.

— Vous avez raison, mon cher Dodson. Et voici la matière première : de l'orge.

Sur une étagère, une série d'ouvrages d'égyptologie consacrés aux trésors découverts dans la tombe de Toutankhamon. L'Écossais les feuilleta et découvrit un dossier contenant des photographies.

Il s'agissait de constructions anciennes en briques crues, comprenant les restes d'un four et de petites pièces où étaient entreposées des jarres.

— De quoi s'agit-il ?

— J'ai une petite idée, superintendant, mais il faudrait vérifier sur place.

Un autre dossier regroupait des dessins de scènes représentées sur les murs des tombes égyptiennes et plusieurs textes hiéroglyphiques.

— De quoi parlent-ils, Lord Percival ?

— Je suis incapable de les traduire dans le détail, mais il y a un mot qui revient sans cesse : *henket,* la bière.

— Mais pourquoi équiper une brasserie clandestine dans cette banlieue du Caire ?

Dans une armoire, plusieurs microscopes, dont certains très perfectionnés, et des éprouvettes contenant des liquides diversement colorés.

— Le dénommé Andrew Johnson procède à des expériences. Mais que cherche-t-il au juste ?

— J'espère que nous aurons l'occasion de le lui demander.

— Comptez-vous passer la nuit ici, Lord Percival ?

— Je le crains. Et si Johnson ne vient pas, il faudra nous armer de patience. Personne ne nous aidera à le retrouver, et il est peut-être un maillon essentiel de la chaîne qui nous conduira à la vérité.

Le moral de Dodson vira au sombre. Il se voyait mal passer plusieurs jours et plusieurs nuits dans ce local peu accueillant.

Une fouille approfondie ne lui permit même pas de découvrir une bonne bouteille de bière.

Pour se donner un peu de courage, Dodson songea à son bureau moderne du Yard où toutes les techniques de la police scientifique étaient à sa disposition. Avec elles, l'assassin de Langton ne serait pas resté dans l'ombre.

Un peu avant minuit, une clé fut introduite dans la serrure. Dodson sortit aussitôt de sa somnolence. Lord Percival avait bondi à côté de la porte d'entrée qui s'ouvrit lentement.

Un homme pénétra dans l'atelier et fit jaillir la lumière.

— Bonsoir, monsieur Johnson.

Affolé, l'homme regarda l'Écossais puis le superintendant. Ce dernier l'agrippa par la manche alors qu'il tentait de s'enfuir et le plaqua contre un mur.

Dodson le dévisagea avec sévérité.

— Pourquoi vous faites-vous appeler Andrew Johnson docteur Qerry ?

30.

Le docteur Alan Qerry avait abandonné ses vêtements noirs pour un bleu de travail et une chemise marron.

— Mais... qu'est-ce que vous faites ici ?

— Nous sommes sur la piste de l'assassin d'Howard Langton, et il est probable qu'elle vient d'aboutir au coupable.

Plaqué au mur par la poigne énergique de Dodson, le spécialiste des momies se débattait en vain.

— Vous vous méprenez complètement... Je suis innocent, moi, tout à fait innocent !

— En ce cas, expliquez-vous, exigea Lord Percival.

— Que voulez-vous que je vous dise ?

— Vous louez ce local sous un faux nom et vous y fabriquez de la bière clandestine. Je suppose qu'Howard Langton avait découvert vos activités occultes et qu'il allait fermer votre laboratoire pseudo-scientifique.

— Pas du tout, pas du tout ! Vous vous trompez sur toute la ligne ! Dans cette affaire, je ne suis qu'un modeste intermédiaire. Je suis venu ici ce soir pour m'assurer que tout était en ordre et faire un peu de ménage... Ces machines, ces fioles, ces expérimentations... Tout cela m'est complètement étranger !

Dodson s'empourpra.

— Cessez de vous payer notre tête, Qerry !

— Sur la tête de Sa Gracieuse Majesté, je vous jure que je dis la vérité ! Je ne suis qu'un intermédiaire et je rends service à quelqu'un qui a besoin de ce local et ne désire pas apparaître.

— De qui s'agit-il ?

— L'honneur et la rectitude m'interdisent de donner son nom. Je lui ai promis de rester muet, quelles que soient les circonstances.

Seul le fait d'appartenir à Scotland Yard, ce qui impliquait le respect de certains principes, interdit à Dodson d'en venir à des solutions extrêmes.

— Très bien, admit Lord Percival. Nous ne vous importunerons pas davantage.

Le superintendant fut étonné, mais l'Écossais ne modifia pas son attitude.

— J'en ai vu assez, docteur. Nettoyez bien ce local, il en a besoin. Et saluez de ma part son véritable propriétaire.

Dans le taxi qui roulait en direction de Guizèh, Angus Dodson ne put s'empêcher de protester.

— Il est clair que ce Qerry ment comme il respire !

— Plus ou moins, superintendant.

— Puisque nous le tenions, il fallait lui faire avouer tout ce qu'il sait !

— Vous avez besoin de vous reposer. Le Mena House, au pied des pyramides, est un hôtel magnifique où le sommeil vous transporte à l'âge d'or de l'Ancien Empire. Et lorsque vous ouvrez la fenêtre de votre chambre, au petit matin, le rêve continue : vous voyez la grande pyramide du pharaon Khéops, ce chef-d'œuvre incomparable qui a fatigué le temps.

— Alors, vous ne croyez pas à la culpabilité de Qerry ?

— Il y a tellement de menteurs et de dissimulateurs dans cette affaire... Lequel d'entre eux est allé jusqu'au crime ? Voilà la seule question importante.

Par moments, Dodson ne comprenait plus la méthode qu'utilisait l'Écossais. À l'instant même où la vérité semblait toute proche, Lord Percival s'en éloignait et prenait une autre route, pour le simple plaisir de musarder.

— Si cette scène s'était déroulée en Angleterre, déclara le superintendant, j'aurais arrêté Qerry et je l'aurais soumis à un interrogatoire serré. Il a prétendu tout savoir sur l'assassinat d'Howard Langton, et son comportement prouve qu'il y est mêlé, d'une manière ou d'une autre.

— Rappelez-vous, superintendant : le poignard qui a tué Langton, la note manuscrite de la main de la victime, le col de sa chemise imprégné d'aromates, le chapitre 6 du *Livre des morts*, la petite amphore conservée par Langton... Tous ces indices ne composent-ils pas un tableau cohérent qui dissimule encore un motif central, dont les contours commencent cependant à apparaître ?

— Y voir clair n'est pas si simple... Ne cherche-t-on pas à nous brouiller la vue ?

— C'est tout à fait exact, mon cher Dodson. Surtout, ne nous précipitons pas. La vérité est peut-être à portée de main, mais elle pourrait nous échapper si nous nous trompons d'objectif.

Sous la lumière de la pleine lune, un triangle immense et parfait se détachait. Incarnation de l'éternité, la grande pyramide se détachait dans l'obscurité.

Dodson en eut le souffle coupé.

Malgré les blessures que lui avaient infligées les conquérants arabes en la dépouillant des blocs calcaires qui formaient son parement, la gigantesque pyramide du pharaon Khéops, qui portait le nom de « contrée de lumière », continuait à trôner sur le plateau de Guizèh et à proclamer la victoire de l'Égypte pharaonique sur la mort.

Lord Percival avait prévenu Dodson, mais la sensation était inoubliable : ouvrir sa fenêtre sur la seule des sept merveilles du monde qui eût survécu était un véritable moment de grâce. Le superintendant resta figé plusieurs minutes, incapable de détacher son regard de la pyramide géante, incarnation en pierre du rayon de lumière primordial.

Quand il retrouva le châtelain dans la salle à manger du Mena House, Dodson en était encore tout remué. Du bacon, des œufs brouillés et des petits pois à la menthe le firent revenir sur terre.

— Je vous propose de visiter la grande pyramide, superintendant, puis nous nous accorderons une petite excursion en Moyenne-Égypte. Vous verrez, les paysages y sont magnifiques.

Quand elle entra dans la salle de restaurant, Dodson cessa de se sustenter.

— Mais... C'est Domenica Strauss !

L'égyptologue allemande aperçut les deux policiers et se dirigea vers eux, avec naturel.

— Bonjour, messieurs. Vous visitez les pyramides ?

— Exactement, mademoiselle, répondit Lord Percival. Comment échapper à la magie d'un tel site ?

— Votre enquête serait-elle terminée ?

— Nous faisons de notre mieux, mais le chemin menant à la vérité est parfois tortueux. De votre côté, tentez-vous de vous évader un peu du drame atroce que vous venez de vivre ?

— Revoir les pyramides est un puissant antidote à la souffrance. Je n'en connais pas de plus efficace. Ici, tout apparaît éphémère et futile. En passant la journée sur le plateau de Guizèh, j'ai l'impression d'être vraiment fidèle à la mémoire d'Howard. Pardonnez-moi... J'ai tellement envie de silence.

31.

— Lord Percival, il n'y a rien ! s'exclama Angus Dodson en découvrant le site de Tell el-Amarna, en Moyenne-Égypte.

— Il n'y a presque plus rien, rectifia le châtelain.

Ici avait été bâtie la Cité du Soleil, la capitale du pharaon Akhénaton et de sa grande épouse royale Néfertiti.

De fait, pour le touriste ordinaire, la déception était vive. Il s'attendait à voir un magnifique palais au décor chatoyant, le grand temple où Akhénaton et Néfertiti faisaient des offrandes au Soleil, l'avenue centrale où le couple royal circulait en char, sous les regards admiratifs de la population. Mais tout cela avait disparu, et il ne restait plus qu'une grande plaine un peu morne, en bordure du Nil, et fermée par des falaises où étaient creusées les tombes des nobles qui avaient appartenu à la cour d'Akhénaton. Des tombeaux vides, qui n'avaient jamais été occupés car, à la mort du pharaon, l'administration égyptienne au grand complet était retournée à Thèbes, la précédente capitale et la cité du dieu Amon qu'Akhénaton avait rejetée.

Angus Dodson bénéficia néanmoins d'une visite insolite, car l'Écossais lui montra, sur le sol, les traces des bâtiments disparus. Par l'imagination, le superintendant reconstitua la volière royale remplie d'oiseaux exotiques, la demeure du souverain reliée au palais par un pont qui enjambait l'artère principale de la ville, le ministère des Affaires étrangères, les riches villas des nobles entourées de jardins somptueux et agrémentées d'une pièce d'eau. C'était tout un monde disparu qui revivait ainsi, à partir de quelques murets de briques crues, de plans encore visibles et de scènes représentées dans les tombes.

Au loin, un nuage de poussière.

— Un cavalier se dirige vers nous, constata le superintendant.

L'homme fit se cabrer son cheval à quelques mètres des deux enquêteurs qui durent se protéger les yeux pour éviter les grains de sable.

— Vous n'avez pas le droit d'être ici ! rugit l'inspecteur des Antiquités Ahmed al-Fostat.

— La paix soit sur vous, dit le châtelain.

— L'heure n'est pas aux formules de politesse, Lord Percival. Vous vous trouvez dans une zone archéologique interdite aux touristes et vous êtes passible d'une forte amende. Pour cette fois, je veux bien passer l'éponge, mais décampez immédiatement !

— Il me semble que votre autorité s'exerce sur le district d'Assouan, monsieur al-Fostat, et nous en sommes loin.

L'inspecteur des Antiquités eut un sourire mauvais.

— Ne tentez pas d'ergoter en vous appuyant sur les règles d'une administration que je connais mieux que vous. Si vous insistez, je vous dresse un procès-verbal.

— Nous sommes habilités à mener une enquête criminelle, rappela Dodson. Dans ce cadre, pourriez-vous me dire pourquoi vous vous trouvez à Tell el-Amarna ?

— Ne détournez pas la conversation ! Vous avez franchi les limites de la légalité et vous allez subir les conséquences de cet acte répréhensible !

Lord Percival exhiba un document écrit en arabe et comportant sa photographie. Il était orné d'une bonne dizaine de tampons.

— Ce permis de visiter tous les sites archéologiques égyptiens, établi par le directeur du service des Antiquités en personne, vous suffira-t-il, monsieur al-Fostat ?

L'Égyptien descendit de cheval et consulta le document.

— Vous... Vous connaissez le directeur du service ?

— C'est un de mes vieux amis, en effet.

— Je... Je vous prie de m'excuser. Je ne faisais que mon travail... Si nous ne sommes pas vigilants, des touristes inconscients détruisent chaque jour des précieux vestiges qu'ils n'identifient pas comme tels ! Bien sûr, si vous pouviez oublier cet incident et ne pas en parler au directeur, je serais votre obligé.

— Pour le moment, monsieur al-Fostat, veuillez répondre à ma question : que faites-vous ici ?

— Une mission de routine... Un collègue m'a demandé de le dépanner deux ou trois jours et d'inspecter ce site, pendant qu'il rend visite à sa famille, dans le Delta.

— Quand rentrez-vous à Assouan ?

— Dès ce soir. Et... vous-même ?

— Nous faisons un peu de tourisme.

— Votre enquête est-elle terminée ?

— Elle progresse, monsieur al-Fostat, et nous ne désespérons pas de découvrir la vérité.

— Tant mieux, tant mieux ! Quand vous reviendrez à Assouan, si vous désirez visiter des sites peu connus, n'hésitez pas à me contacter. Je vous faciliterai la tâche.

— Merci de votre aide.

L'Égyptien remonta sur son cheval et s'éloigna au galop.

— Dans le genre sournois, estima Dodson, ce gaillard est une manière de chef-d'œuvre. Mais pourquoi diable nous suivait-il ?

— Nous ne tarderons pas à le savoir. Et puis il n'est pas le seul.

Lord Percival prêta au superintendant une paire de jumelles minuscules mises au point par l'un de ses ancêtres, officier de la Navy ; elles permettaient de discerner l'ennemi en toutes zones et par tous les temps.

— Regardez du côté des tombes des nobles.

— Il y a un homme qui semble nous épier, en effet... Il porte une casquette... C'est Faxmore, Steven Faxmore !

— Parfait. Venez, superintendant, je vais vous montrer un vestige intéressant.

— Vous ne désirez pas interroger Faxmore ?

— Ce ne sera pas nécessaire.

— Il nous épie, lui aussi !

— C'est bon signe, superintendant.

— Je n'en suis pas si sûr que vous... Il pourrait devenir violent.

— Avec vous, je me sens en sécurité.

L'Écossais entraîna Angus Dodson dans le quartier des artisans où avait été retrouvé le fameux buste de Néfertiti, conservé au musée de Berlin. Avec précaution, suivant le tracé des ruelles, il longea les demeures des sculpteurs et des tisserands, puis trouva les vestiges du bâtiment qu'il cherchait.

— Qu'en pensez-vous, mon cher Dodson ?

— Des murs en briques crues, les restes d'un four, de petites pièces où étaient entreposées des jarres... c'est l'endroit qui a été photographié par Qerry !

— Sans aucun doute.

— Pourquoi tant d'intérêt pour cet atelier antique ?

— Parce qu'il s'agit de la plus ancienne brasserie connue, répondit Lord Percival, songeur.

32.

En raison de l'absence de vent, le soleil était encore plus rude qu'à Assouan. Dodson transpirait, alors que Lord Percival semblait aussi à l'aise que s'il se promenait dans un sentier des Highlands.

— Vous sentez-vous le courage de marcher jusqu'aux tombes, superintendant ?

— Pour interroger Faxmore ?

— Non, il décampera dès qu'il nous verra prendre cette direction. J'aimerais vous faire rencontrer un vieil ami.

— Puisqu'il le faut...

— Buvez un peu d'eau de cette gourde. Elle est tiède et citronnée. Nous marcherons lentement et tout ira bien.

La nécropole de Tell el-Amarna, creusée dans la falaise qui dominait la capitale disparue, avait un aspect pathétique, contrairement à Guizèh, à Saqqara, à Thèbes ou aux autres grandes nécropoles de l'Égypte pharaonique. Cet endroit, qui aurait dû devenir la demeure d'éternité des dignitaires d'Akhénaton, n'avait été qu'un lieu de passage. De plus, la roche était d'assez mauvaise qualité, et la plupart des bas-reliefs, très dégradés, étaient presque illisibles.

Après avoir gravi une pente suffisamment raide pour couper le souffle, l'Écossais précéda Dodson dans la tombe d'Aÿ, célèbre pour avoir servi Akhénaton, puis Toutankhamon, puis être devenu lui-même pharaon après le décès prématuré du jeune roi.

« Ici, au moins, pensa Dodson, on est à l'abri du soleil. »

Lord Percival laissa le superintendant reprendre ses esprits, avant de lui montrer le célèbre hymne au Soleil divin composé par Akhénaton lui-même et reproduit dans son tombeau par le fidèle Aÿ. Le texte chantait la gloire de l'astre du jour dont la présence donnait la vie et la joie à toutes les créatures. Il n'était pas de moment plus essentiel, à Tell el-Amarna, que l'adoration du Soleil levant, considéré comme le créateur de toutes choses.

Apparut sur le seuil un Égyptien de grande taille, vêtu d'une galabieh blanche, la tête enturbannée, un long bâton dans la main droite.

— La paix soit sur vous, amis.

— La paix soit sur toi, Mohamed, et sur les tiens, répondit l'Écossais. Ton fils aîné doit être un homme accompli, aujourd'hui.

— Il est devenu ingénieur, il s'est marié, il est heureux, mais il est parti pour Le Caire... Les enfants d'aujourd'hui ne savent plus apprécier les charmes de la campagne. Ta maison est-elle toujours aussi jolie ?

— Je la soigne comme elle le mérite.

— C'est le devoir d'un homme de cœur, ami. Je suis heureux de te revoir sur cette terre.

— C'est le crime commis à Assouan qui m'appelle ici, et je tenais à te saluer.

— Notre jeunesse s'est enfuie, mais l'âge nous permet de regarder notre existence et celle d'autrui avec davantage de détachement. Le crime d'Assouan... Le pays entier ne parle que de ça. Et chacun sait que tu as déjà fait libérer un innocent. Et, bien entendu, tu vas arrêter le véritable assassin.

— Si Dieu le veut, Mohamed.

— Tu fais partie de ces êtres qui donnent volontiers un coup de main à Dieu pour accomplir ses desseins.

Parlant anglais et français couramment, Mohamed utilisait parfois des expressions surprenantes, mais cette particularité n'atténuait pas la sensation de noblesse qui se dégageait du personnage.

— Te souviens-tu, ami, de notre longue promenade dans le domaine des démons, lorsque je t'ai emmené jusqu'au tombeau d'Akhénaton ?

— Je t'ai suivi sans la moindre inquiétude bien que le chemin fût difficile, voire dangereux.

— Mais le tombeau avait été pillé...

— Et tu restes toujours persuadé, Mohamed, qu'il en existe un autre.

— Je ne suis qu'un fellah, pas un archéologue. Mais il y a beaucoup d'agitation par ici, ces derniers temps, comme si les spécialistes étaient de mon avis. Même l'illustre Abd el-Mossoul s'est déplacé pour visiter les environs.

— Aurait-il entrepris des fouilles... clandestines ?

— Il est suffisamment habile pour ne pas avoir éveillé l'attention des autorités, et il n'agit jamais lui-même. Mais je te le répète, il y a beaucoup d'agitation, ces temps-ci...

En raison de sa position de chef de village, Mohamed s'exprimait à mots couverts, et Lord Percival ne pouvait lui en demander davantage, sous peine de le blesser. Il fallut donc s'engager dans une longue conversation où il fut beaucoup question de l'avenir des nombreux enfants du patriarche, qui n'avait épousé que deux femmes. Mohamed n'appréciait guère l'évolution du monde moderne et encore moins l'invasion des touristes.

— Il y a un égyptologue qui tente d'acheter quelques beaux objets à bas prix, révéla l'Égyptien. Dans le coin, jusqu'à présent, on ne le connaissait pas.

— Quand l'as-tu aperçu pour la dernière fois ?

— Ce matin même. Au moment où nous parlons, il doit s'approcher du bac pour regagner l'autre rive.

— Pourrais-tu retarder le bac ?

— Que ne ferait-on pas pour un ami comme toi, Percival ?

Prendre le bac dit « des paysans » était une expérience que Dodson n'oublierait pas de sitôt. Coincé entre une motocyclette et des moutons, il tenta de sourire à une vieille Égyptienne voilée qui le regardait avec curiosité.

Le grand radeau dériva sur le fleuve, selon une trajectoire calculée à l'instinct.

Et Lord Percival vit l'égyptologue dont lui avait parlé son ami Mohamed.

Adossé à un pilier métallique, coiffé d'une casquette blanche, Villabert Glotoni tentait de se faire tout petit.

— Monsieur Glotoni ! Quel plaisir de vous rencontrer.

L'énorme tête carrée du Français dodelina.

— Ah, Lord Percival ! Quelle surprise... Vous faites un peu de tourisme ?

— Je désirais montrer au superintendant le site étrange de Tell el-Amarna que de rares touristes visitent. C'est peu spectaculaire, mais l'on touche aux réalités concrètes de l'archéologie.

— Oui, oui, c'est bien exact...

— Vous-même, monsieur Glotoni, vous flâniez dans les parages ?

— Oh non ! Avec tout le travail que j'ai, c'est impossible. En fait, je venais vérifier une rumeur selon laquelle on aurait découvert ici une statue d'ibis. C'était malheureusement inexact, comme souvent. Mais c'est la dure loi du métier d'archéologue, et il faut bien s'y plier. Votre enquête est-elle terminée ?

— Pas tout à fait, monsieur Glotoni. Mais le superintendant et moi avons bon espoir.

33.

Le patron du café aspergea d'eau le sol carrelé, passa une très ancienne serpillière qui datait de l'occupation anglaise, puis répandit une bonne couche de sciure.

Assis à sa table habituelle, le commissaire Abdel-Atif fumait une pipe à eau avec un zeste de haschisch. Dès qu'il vit entrer les deux Britanniques, il leur fit un signe de la main.

— Venez vous asseoir, je vous en prie ! Qu'est-ce que vous buvez ?

— Un café turc pour le superintendant, une tisane de fenugrec pour moi. Dès notre retour à Assouan, nous sommes passés au commissariat et l'on nous a indiqué que vous vous trouviez ici.

— C'est un endroit discret pour discuter... Au commissariat, il y a trop d'oreilles qui traînent et trop de subordonnés qui convoitent ma place. Quels sont les résultats de vos démarches ?

— Rien de spectaculaire, commissaire, mais une série d'indices plus ou moins troublants que nous tentons de relier les uns aux autres.

— Troublants... Jusqu'à quel point ?

— Il est encore trop tôt pour le dire.

— Pour être franc, Lord Percival et superintendant Dodson, je vous attendais avec impatience ! Mon supérieur hiérarchique ne cesse de m'appeler pour me demander l'identité de l'assassin, et lui-même ne cesse d'être appelé par le ministre de l'Intérieur auquel l'ambassadeur de Grande-Bretagne demande discrètement de se hâter. Alors, si vous n'aboutissez pas rapidement, il nous restera Abou.

— Impossible, objecta Dodson, puisque nous avons les preuves de son innocence.

— Tant pis, superintendant. Si je ne boucle pas ce dossier, je saute.

— Méfiez-vous de la grand-mère d'Abou, recommanda Lord Percival. C'est une Nubienne... Et vous connaissez mieux que moi ses pouvoirs magiques.

Le commissaire Abdel-Atif se renfrogna. L'avertissement n'était pas à prendre à la légère.

— À présent, que comptez-vous faire ?

— Patienter.

— Comment, patienter ! Mais toutes les heures qui s'écoulent jouent contre nous !

— J'ai semé quelques cailloux, ici et là, et j'espère que quelqu'un va les ramasser. Il faut être fataliste, commissaire : notre destin n'est-il pas entre les mains de Dieu ?

Le soleil d'Égypte était rose à l'aube, blanc brillant à midi, et violet le soir. Suivre sa course, à chaque heure du jour, c'était assister, selon les anciens Égyptiens, aux métamorphoses incessantes du divin qui, tout en modifiant sans cesse son aspect, demeurait identique à lui-même.

Depuis le balcon de sa chambre, Lord Percival assistait à ce spectacle féerique, non sans inquiétude. Une longue conversation téléphonique avec sa secrétaire lui avait appris que la Bourse était au plus haut et, surtout, qu'Abercrombie commençait à déplorer sérieusement l'absence du châtelain. Il ne refusait pas encore son fromage de chèvre, mais l'œil était moins vif et, malgré la douceur de Lady Ophelia, l'entrain du chien noir s'émoussait.

Dorothea Pettigrew avait prié le châtelain de ne pas trop prolonger son séjour en Égypte, de peur de voir fléchir la santé d'Abercrombie.

Nestor Pwryctswll, le majordome gallois, avait confirmé ces craintes tout en assurant Lord Percival de la bonne marche de la maisonnée. Nestor ne comprenait pas pourquoi un aristocrate de la qualité de son patron était parti pour un pays aussi lointain et aussi sauvage, mais il assumait ses fonctions avec sa rigueur habituelle.

Le téléphone sonna.

L'Écossais décrocha.

— Lord Percival ? interrogea une voix étouffée.

— Lui-même. Qui est à l'appareil ?

— C'est sans importance. J'ai des choses à vous dire.

— Je suis tout prêt à vous écouter.

— Pas au téléphone.

— Fixez-moi un rendez-vous.

— Vous connaissez l'île aux fleurs ?

— Assez bien.

— Soyez à midi sous le plus vieux sycomore. Venez seul et ne prévenez surtout pas le commissaire Abdel-Atif.

— Par saint Andrew, Lord Percival ! s'insurgea Dodson. Vous n'allez quand même pas prendre le risque de tomber dans un piège !

— Soyez tranquille, superintendant. L'île aux fleurs est un petit paradis où la violence est bannie.

— Je suis persuadé que votre correspondant cherche à se débarrasser de vous d'une manière ou d'une autre.

— Nous verrons bien. Je crois que nous allons commencer à récolter les fruits de nos semailles.

— Faisons au moins cerner cette île par la police !

— Surtout pas. Je pense avoir identifié mon correspondant qui a bien mal dissimulé sa voix, et il s'apercevrait aussitôt de mesures de sécurité inhabituelles. Si je ne suis pas de retour à 14 heures, faites le nécessaire.

Dodson comprit qu'il était inutile d'insister. Mais il eut un pincement au cœur lorsqu'il vit l'Écossais s'éloigner en felouque en direction de l'île aux fleurs.

Hibiscus, poinsettias, bougainvillées, clématites, manguiers, figuiers, sycomores, kapokiers, palmiers et autres merveilles formaient le décor presque irréel de l'île aux fleurs et aux arbres, à l'ouest de la pointe nord de l'île d'Éléphantine. Un paradis qui n'était pas né spontanément, mais était dû à la passion botanique d'un officier supérieur britannique, Lord Kitchener, vainqueur du premier fanatique islamiste de l'ère moderne, le Mahdi, qui espérait conquérir le Soudan et l'Égypte. Dans le cœur du soldat se cachait celui d'un amoureux de la nature sous ses formes les plus séduisantes ; c'est pourquoi Lord Kitchener avait fait venir sur cette île de nombreuses plantes rares d'Asie et d'Afrique afin de composer un jardin édénique peuplé d'oiseaux et de parfums subtils. Il n'y avait vraiment que l'Égypte pour transformer un militaire en créateur de jardin botanique.

Conformément aux instructions reçues, l'Écossais suivit une allée bien entretenue pour atteindre le plus vieux sycomore de l'île, un arbre immense à l'ombre bienfaisante. Lord Percival marcha lentement, se laissant gagner par quelques souvenirs nostalgiques.

Mais la réalité de l'enquête resurgit dès qu'il aperçut l'homme qu'il s'attendait à voir ! Ahmed al-Fostat, l'inspecteur des Antiquités.

34.

L'Égyptien était assis sur un muret, à bonne distance de l'énorme tronc. Le châtelain prit place à sa gauche, sans le regarder.

— Vous ne vous attendiez sûrement pas à me voir, Lord Percival.

— Votre appel téléphonique était bien mystérieux, monsieur al-Fostat.

— Vous devez comprendre que je n'ai pas une grande liberté de mouvements. Dans ma position, je dois me montrer extrêmement discret. Si l'on surprenait cet entretien, ma vie serait en danger.

— Seriez-vous dépositaire d'un secret trop lourd pour vos épaules ?

— Il y a de ça, en effet, et je n'ai pas envie de risquer ma tête pour quelqu'un qui tente de me manipuler et qui me lâchera à la première occasion...

— Pourriez-vous être plus explicite ?

— À condition que vous me promettiez d'agir.

— Tout dépend de ce que vous me demanderez, monsieur al-Fostat.

L'Égyptien arracha quelque herbes et les tortilla comme s'il tentait de détruire un maléfice.

— Ma position est vraiment très délicate... Mon rôle consiste à préserver les antiquités égyptiennes des pillards, et me voilà pris dans une nasse dont je vais avoir le plus grand mal à sortir. J'ai pourtant bâti ma carrière pas à pas, avec scrupule, et je n'imaginais pas qu'un démon me tendrait un piège au détour de la route.

— Autrement dit, quelqu'un vous fait chanter.

— Exactement, Lord Percival. Quelqu'un qui veut profiter de mes compétences et de mon autorité pour se livrer à ses activités illicites. Si je le laisse faire plus longtemps, je serai entraîné malgré moi dans la tourmente alors que je suis complètement innocent.

— Acceptez-vous de me donner l'identité de cette personne ?

— J'y suis obligé... et je compte un peu sur vous comme sur un sauveur.

— Pourquoi ne pas vous confier au commissaire Abdel-Atif ?

— Parce que c'est un peureux qui ne songe qu'à sa carrière. Jamais il n'osera contrecarrer les projets d'Abd el-Mossoul.

— Abd el-Mossoul... Ainsi, il n'a pas renoncé à la chasse aux trésors !

— En réalité, il s'était vraiment assagi, mais une trop belle occasion s'est présentée, et ses vieux réflexes ont repris le dessus.

— Un trésor ?

— Une tombe inviolée.

— C'est extrêmement rare, s'étonna Lord Percival.

— Je n'y ai pas cru moi-même... Pour être précis, il s'agit d'une partie de tombe inviolée, dans la vallée de l'Aigle, à Thèbes. Tout le monde croyait qu'il n'y avait plus rien à découvrir, mais on se trompait. Bien entendu, Abd el-Mossoul a eu vent de mon exploration préliminaire et il m'a interdit de rédiger un rapport à l'intention du service des Antiquités, sous peine de représailles envers moi-même et les membres de ma famille. Comme il corrompt la police, je me sentais désespérément seul, jusqu'à votre arrivée... D'abord, j'ai cru que vous seriez un ennemi, ce qui explique mon attitude. Et puis j'ai compris que, pour vous, l'honnêteté passait avant tout. Maintenant, je ne compte que sur vous pour empêcher Abd el-Mossoul de se livrer à un nouveau pillage.

— Si je comprends bien, vous me demandez d'explorer cette tombe au plus vite ?

— À vous de juger, Lord Percival. Mais c'est bien ce que je souhaite, en effet. Et peut-être prendrez-vous enfin Abd el-Mossoul sur le fait, ce qui vous permettrait de l'expédier en prison et de débarrasser l'Égypte d'une de ses plaies. Mais si vous mettez le commissaire Abdel-Atif au courant de vos intentions, il préviendra Abd el-Mossoul, et vous ne découvrirez qu'un tombeau pillé et dévasté.

— Serez-vous à mes côtés ?

— C'est malheureusement impossible. Si j'apparais, les hommes d'Abd el-Mossoul me dénonceront. Et j'ai la faiblesse de tenir à la vie.

— Qui m'aura averti, si ce n'est pas vous ?

— Le commissaire. Comme son poste est menacé et qu'il lui faut un coupable au plus vite, il vous aura donné cette piste pour prendre enfin Abd el-Mossoul en flagrant délit. Étant donné l'importance du site, il sera en personne sur les lieux pour diriger la manœuvre. Et il ne m'étonnerait pas qu'il ait déjà commencé... Bien sûr, il doit se méfier des rondes de la police locale, mais il a certainement soudoyé quelques responsables qui lui ont donné les horaires précis. De la sorte, personne ne pourra être considéré comme responsable du pillage, puisque les instructions administratives auront été scrupuleusement respectées. Si vous le désirez, Lord Percival, à vous de jouer.

— Cela signifie-t-il qu'Abd el-Mossoul est l'assassin d'Howard Langton ?

— Je ne peux pas l'affirmer car je ne détiens pas la preuve de sa culpabilité. Mais supposez que Langton ait eu l'idée bien audacieuse de s'attaquer à Abd el-Mossoul pour découvrir s'il se livrait encore au pillage... Dans les circonstances présentes, ce dernier aurait pu avoir une réaction violente. Mais, je le répète, ce ne sont là qu'hypothèses. Évidemment, si Abd el-Mossoul était sous les verrous, il serait sans doute contraint de parler et d'avouer la totalité de ses forfaits, ne serait-ce que pour s'en vanter.

— C'est probable, en effet.

— Alors... Vous acceptez de m'aider ?

— Si je veux découvrir la vérité, je n'ai pas le choix.

— Je vais vous indiquer l'emplacement de cette tombe.

À l'aide d'un morceau de bois fin et pointu, Ahmed al-Fostat traça un plan dans le sable et donna à Lord Percival le meilleur itinéraire pour parvenir au sanctuaire inviolé.

— Munissez-vous d'une corde solide et d'une lampe torche, recommanda l'Égyptien, et soyez extrêmement prudent. La roche est glissante, et l'accès du tombeau n'est pas aisé. Si vous avez l'autorisation, une arme à feu ne serait peut-être pas superflue... Mais Abd el-Mossoul n'apprécie guère ce genre de violence. Et il sera tellement vexé d'être appréhendé qu'il se rendra sans faire d'histoires.

L'inspecteur des Antiquités se leva et regarda

autour de lui. À cette heure-là, l'île aux fleurs était déserte.

— Ne partez que dans un quart d'heure, recommanda-t-il à l'Écossais. Et permettez-moi de vous souhaiter bonne chance.

35.

Quoique le whisky écossais fût d'excellente qualité et l'ombre de la terrasse de l'Old Cataract délicieuse, la discussion était serrée.

— C'est hors de question, Lord Percival.

— En tant que chef superintendant, vous ne devez pas vous engager sur le terrain. À moi de prendre mes responsabilités.

— Me traiteriez-vous comme un bureaucrate ? s'insurgea Dodson, visiblement révolté. La vérité exige tous les sacrifices ! Et moi, je suis garant de votre sécurité. Si vous entreprenez cette expédition, je serai à vos côtés.

— La liberté d'autrui m'est trop chère pour que je vous oppose un refus.

— Cet Ahmed al-Fostat ne me dit rien qui vaille, reconnut le superintendant, mais il nous offrira peut-être la clé de l'énigme. Dites-moi franchement, Lord Percival... La localisation de cette tombe vous paraît-elle plausible ?

— Tout à fait, mon cher Dodson. Je connais bien le sentier indiqué pour l'avoir emprunté à plusieurs reprises, il y a longtemps. J'espère que vous n'avez pas le vertige.

— Pas au point d'avoir un malaise. Mais... Où dénicherons-nous une corde d'alpiniste ?

— J'en ai emporté une.

— Comment avez-vous pu prévoir...

— Il y a quatre ou cinq objets de ce style-là qu'il ne faut jamais oublier lorsqu'on s'éloigne de l'Écosse. Jadis, des archéologues m'ont fait visiter presque toutes les tombes de la Vallée des Nobles, sur la rive ouest de Thèbes, et nous avons parfois eu besoin de grimper un peu.

Dodson comprit qu'il n'était pas au bout de ses peines et que, décidément, il valait mieux ne jamais quitter son bureau moderne du Yard et le macadam londonien.

Qui découvrait pour la première fois la rive ouest de Thèbes prenait conscience qu'une existence entière ne suffisait pas pour en apprécier toutes les merveilles. La Vallée des Rois, la Vallée des Reines, les tombes des Nobles, les temples des millions d'années de Séthi Ier, de Ramsès II et de Ramsès III et tant d'autres vestiges, dont certains inconnus du grand public, faisaient de cet endroit magique le site archéologique le plus foisonnant de la planète. Ici, pendant des siècles, les anciens Égyptiens avaient, selon leur propre expression, « créé le ciel sur la terre » et communié avec l'invisible.

Le taxi qui conduisit les deux Britanniques au pied de la falaise de Deir el-Bahari n'avait ni freins, ni phares, ni quelques autres bricoles dépourvues d'intérêt, mais était abondamment décoré de mains de Fatima. Un mécanicien eût été incapable d'expliquer comment le véhicule parvenait à rouler, mais le chauffeur était fort aimable, bien qu'il eût une fâcheuse tendance à raser de trop près les vélos et les ânes.

Comme d'ordinaire, le soleil frappait fort sur l'esplanade qui précédait le temple de Deir el-Bahari, élevé par le maître d'œuvre de la reine-pharaon Hatchepsout à la gloire du dieu Amon, détenteur du secret de la création. Bâti en terrasses, le surprenant édifice était étroitement uni à la falaise et attirait vers lui de nombreux touristes. À l'époque d'Hatchepsout, le magnifique sanctuaire était partiellement caché par un rideau de verdure et des jardins où poussaient des arbres à encens.

Lord Percival avait choisi de prendre un sentier détourné. Le parcours serait plus long que celui qu'avait indiqué Ahmed al-Fostat, mais cette précaution permettrait d'éviter d'éventuelles mauvaises rencontres.

Une bande de gamins tenta de suivre les deux Britanniques mais, quand la pente devint trop rude, ils renoncèrent. Seuls quelques âniers s'aventuraient sur ces sentiers rocailleux qui allaient de cime en cime et dominaient les principaux sites archéologiques.

L'Écossais avait adopté l'allure modérée du montagnard expérimenté qui sait économiser ses forces. Aussi Dodson eut-il le loisir d'admirer l'impressionnant paysage, en oubliant la chaleur et l'effort.

La vallée de l'Aigle méritait bien son nom. Sauvage, presque hostile, elle était naguère le territoire des rapaces dont quelques-uns continuaient à hanter ces lieux d'accès difficile.

Lord Percival leva les yeux.

— Regardez, superintendant. L'entrée du tombeau est là-haut.

À dix-neuf mètres au-dessus du sol, un trou dans la roche.

— Je ne me sens pas mûr pour une telle escalade, avoua Dodson, dépité.

— Nous n'allons pas grimper, mais descendre.

L'Écossais guida le superintendant sur un sentier qui débouchait au sommet de la falaise.

Accrochée à un piton rocheux, une corde pendait. Elle aboutissait à l'entrée du tombeau.

— Al-Fostat n'a pas menti, constata Lord Percival. L'endroit a déjà été visité.

Le châtelain accrocha sa propre corde au piton.

— Attendez-moi ici, superintendant. S'il y a du danger, je vous préviens.

Angus Dodson n'eut pas le temps de protester. Avec une relative souplesse, Lord Percival avait déjà commencé à descendre.

Sans trop d'à-coups, il parvint à poser le pied sur une petite plate-forme rocheuse qui permettait d'accéder à la sépulture.

L'explorateur alluma sa lampe torche et pénétra dans un boyau étroit.

Quelques mètres plus tard, son cœur se serra.

Lord Percival avait déjà vu des cadavres, parfois marqués par la souffrance. Mais c'était la première fois qu'il découvrait un tel enfer.

Un incendie avait noirci les murs de la tombe dont tous les bas-reliefs avaient été mutilés. Et, sur le sol, gisaient des débris de momies, bras arrachés, jambes sectionnées, crânes fracassés. Les vandales qui étaient passés ici n'avaient pas eu le moindre respect pour les êtres qui avaient cru y trouver le repos éternel.

Bouleversé par tant de barbarie, Lord Percival progressa dans le sinistre caveau.

Dans un angle, une ouverture surmontée par des poutres. Au-delà, une seconde salle qui semblait contenir des poteries et un sarcophage.

— Lord Percival ! appela Dodson, inquiet. Où en êtes-vous ?

Un grand fracas brisa le silence de la montagne. Importunés, des rapaces sortirent de leur cachette et survolèrent le superintendant.

De l'entrée de la tombe s'échappa un nuage de fumée.

— Répondez, Lord Percival, je vous en prie !

Sans aucun doute, le plafond du sépulcre venait de s'écrouler sur le châtelain.

36.

Angus Dodson s'encorda tant bien que mal et s'élança dans le vide. Il y avait peut-être une chance de sauver Lord Percival.

Alors qu'il commençait sa descente, le superintendant vit une forme surgir de la poussière qui continuait à sortir du tombeau.

— Lord Percival ! C'est bien vous ?

— Remontez, mon cher Dodson. Je reprends mes esprits et j'arrive.

— Vous n'êtes pas blessé ?

— Tout va bien... Mais je commençais à manquer d'air.

D'une main sûre, l'Écossais remonta au sommet de la falaise.

— Que s'est-il passé ?

— Au-dessus du seuil de la partie de la tombe qui aurait dû être inviolée, il y avait une sorte d'échafaudage moderne. Je me suis méfié, puisque cette médiocre construction était l'indice d'une intervention humaine. À peine ai-je touché la poutre supérieure que l'ensemble s'est écroulé. J'ai juste eu le temps de me précipiter vers l'entrée.

— Al-Fostat vous a sciemment envoyé à la mort !

— Peut-être...

— Pourquoi en doutez-vous encore ?

— Il me reste un détail à vérifier.

— Mais... lequel ?

— J'aimerais savoir si le fond de cette tombe est réellement inexploré.

— Mais... Comment vous y prendrez-vous ?

— En attendant que la poussière se dissipe et en retournant dans ce tombeau auquel des pillards ont infligé de terribles blessures.

— Vous n'y pensez pas !

— Supposez que nous découvrions un corps, au fond de ce sépulcre ?

— Vous pensez à... Abd el-Mossoul ?

— Nous le saurons bientôt, superintendant

L'Écossais passa plus de deux heures dans le tombeau martyrisé et, cette fois, aucun incident ne se produisit.

Quand Lord Percival réapparut à l'air libre, Dodson se sentit soulagé. En tant qu'esprit rationnel, il ne croyait pas à la malédiction des pharaons mais, dans de telles circonstances, il fallait se montrer prudent et se méfier de tout le monde.

— Votre opinion, Lord Percival ?

— Cette tombe a été complètement dévastée depuis longtemps, et les voleurs se sont même acharnés sur les malheureuses momies. Pourtant, j'ai retrouvé ceci.

Le châtelain ouvrit la main droite et montra à Dodson un minuscule objet, une amulette qui avait la forme d'une grenouille.

— L'objet est ancien ?

— Ancien et authentique, superintendant.

Une dizaine de policiers, conduits par un Ahmed al-Fostat surexcité qui leur ordonnait d'aller plus vite, grimpaient en direction de la crête où les Britanniques prenaient un peu de repos, avant de regagner la vallée.

Quand il aperçut les deux hommes, l'inspecteur des Antiquités remercia bruyamment Allah et chanta ses louanges pendant une bonne minute.

— J'ai eu peur, tellement peur ! confessa-t-il en serrant la main du châtelain. J'ai compris qu'Abd el-Mossoul nous avait tendu un piège, à vous et à moi, mais j'ai cru que j'arriverais trop tard. Que s'est-il passé, dans la tombe ?

— Un incident des plus banals : des poutres rongées par les vers se sont écroulées. J'ai eu beaucoup de chance d'en sortir vivant.

— Comment pourrais-je implorer votre pardon, Lord Percival ? J'ai été naïf, si naïf !

— Eh bien, expliquez-moi comment vous avez fini par comprendre la manœuvre d'Abd el-Mossoul.

— Un pur hasard... Et la découverte d'une horreur ! Il m'est même difficile d'en parler, tant c'est abominable. C'est à propos des momies...

Ahmed al-Fostat semblait sur le point de défaillir.

— Rentrons à Assouan, proposa Lord Percival. Pendant le trajet, vous reprendrez vos esprits.

À Louxor, un médecin fit une piqûre sédative au fonctionnaire du service des Antiquités, puis une voiture de fonction ramena al-Fostat et les deux Britanniques à Assouan.

— Êtes-vous en état de vous expliquer, monsieur al-Fostat ?

— Oui, ça va mieux... Beaucoup mieux. C'est une histoire terrifiante ! Une histoire horrible, comme il ne devrait en exister que dans l'imagination des conteurs ! Jamais je n'aurais cru à la réalité de telles abominations...

Ahmed al-Fostat parlait de manière saccadée, comme s'il éprouvait le plus grand mal à trouver ses mots.

— Dans le désert, à l'ouest d'Assouan, on vient de découvrir une petite tombe. À l'intérieur, il y avait une dizaine de momies plus ou moins intactes. L'archéologue responsable de la trouvaille m'a adressé un rapport que j'ai jugé plutôt confus. Dans ces cas-là, j'aime bien faire un tour sur place pour vérifier si des éléments essentiels n'ont pas été oubliés. Normalement, j'arrive sur le site vers neuf heures du matin et j'en repars avant midi. Mais j'ai eu une panne de Jeep, et j'ai réussi à la réparer moi-même. Quand je me suis approché de la tombe, à pied, après avoir laissé le véhicule à une bonne distance, il n'était pas loin de midi et demi. L'endroit semblait désert, mais j'ai entendu des voix. Je me suis aussitôt méfié. Il n'est pas rare que des voleurs essayent d'exploiter une découverte avant qu'une protection policière ne soit mise en place. J'ai profité de l'abri d'une dune pour voir sans être vu. Et savez-vous qui se trouvait là ?

— Abd el-Mossoul, je suppose.

— Oui, mais pas seul ! Il négociait avec le docteur Qerry. Ce dernier lui tendait quelque chose, Abd el-Mossoul discutait fermement le prix.

Dodson blêmit.

— Ce quelque chose... Ce n'était quand même pas...

— Si, superintendant ! Un morceau de momie ! Et Qerry expliquait qu'il avait choisi le meilleur, et qu'il y en avait encore deux ou trois autres qui valaient la peine.

— Le meilleur... pour faire quoi ?

Ahmed al-Fostat baissa la tête, profondément affligé.

— Certains croient encore que la poudre de momie a une vertu aphrodisiaque. Abd el-Mossoul est un vieil homme, vous comprenez...

— C'est abominable ! s'exclama Angus Dodson, dont la conscience professionnelle était violemment heurtée.

— J'étais tellement choqué, poursuivit l'Égyptien, qu'il m'a fallu du temps pour m'apercevoir que, si Abd el-Mossoul se livrait à cet horrible trafic à Assouan, cette histoire de tombe inédite était un piège ! J'ai aussitôt accouru à Louxor et j'ai prévenu la police. Par bonheur, vous êtes sains et saufs.

37.

Lord Percival terminait d'ajuster son impeccable cravate blanche quand on frappa à sa porte.

— C'est moi, Omar Abdel-Atif, ouvrez vite, je vous en prie !

L'Écossais prit le temps de revêtir sa veste blanche et de se parfumer, puis ouvrit sans hâte.

Le commissaire égyptien était visiblement bouleversé.

— Je n'en peux plus, Lord Percival, je suis au fond du trou ! Mais où étiez-vous donc passé ?

— Une petite excursion à Thèbes.

— Mais enfin... Nous sommes en pleine enquête, on me harcèle de partout, et vous faites du tourisme !

— Un ennui, mon cher collègue ?

— Ça, vous pouvez le dire ! On a failli assassiner Albertine Abletout ! Vous imaginez le scandale.. Elle a déjà convoqué toute la presse locale et, demain, elle s'adressera aux correspondants des journaux étrangers !

Omar Abdel-Atif se laissa tomber dans un fauteuil.

— Je suis fichu, complètement fichu... cette tragédie aura fait deux victimes : Howard Langton et moi.

— Ne soyez pas si pessimiste.

— Il n'y a plus la moindre lueur d'espoir... Si, au moins, vous me laissiez arrêter Abou... Ça calmerait les esprits, il serait innocenté au cours de son procès, et cette affaire se perdrait dans les sables.

— À mon sens, ce n'est pas le bon chemin.

— Alors, essayez au moins de calmer Mme Abletout !

— Je ferai mon possible.

On frappa de nouveau à la porte de la chambre de Lord Percival. Il l'ouvrit pour faire entrer Angus Dodson.

— J'ai trouvé ce message sous mon oreiller, déclara le superintendant.

Une enveloppe marron.

Elle contenait une feuille blanche. Quelques mots en anglais, tapés à la machine :

La clé se trouve chez Domenica Strauss. Le panier rond en osier, sous la fenêtre du petit salon.

— Je peux lire ? demanda le commissaire.

Dodson montra le texte à son collègue égyptien.

Un large sourire illumina le visage d'Omar Abdel-Atif.

— Nous sommes peut-être sauvés ! L'auteur de ce message ne peut être que Faxmore. Il a dû découvrir un élément essentiel, et il nous en fait profiter parce que Domenica Strauss n'est pas anglaise. Domenica Strauss, si proche de Langton ! Un drame passionnel... Excellent ! Personne ne sera contrarié, et les journalistes seront ravis. Allons-y, mes chers collègues !

Le superintendant pestait contre le peu de moyens techniques dont il disposait. À Londres, un document comme celui-là aurait été scruté dans tous les sens par le laboratoire de Scotland Yard et il aurait certainement fourni quantité d'informations passionnantes.

Ici, malgré le soleil omniprésent, il fallait avancer dans le brouillard.

— Plus vite, plus vite ! ordonnait toutes les dix secondes le commissaire Abdel-Atif à son chauffeur qui martyrisait la boîte de vitesses d'une vieille Peugeot.

— Avez-vous un mandat de perquisition ? demanda le superintendant à son collègue égyptien.

— Dans les situations d'extrême urgence, la loi permet de s'en dispenser. Et c'est justement le cas.

Le véhicule freina sèchement devant les locaux de la mission archéologique allemande, et le commissaire Abdel-Atif en jaillit avec une belle énergie.

Un gardien tenta de lui demander la raison de cette irruption, mais la réponse cinglante du policier égyptien le fit immédiatement rentrer dans sa guérite. Parfois, il valait mieux ne rien voir et ne rien entendre.

La porte du domicile de Domenica Strauss était fermée à clé. Le commissaire Abdel-Atif ramassa une pierre, cassa un carreau, ouvrit la fenêtre et parvint à s'introduire à l'intérieur.

— Nous n'allons quand même pas le suivre, dit Dodson, atterré.

— Ce ne sera pas nécessaire, jugea Lord Percival.

Le commissaire se précipita sur le panier en osier. Ce qu'il y trouva le plongea dans un profond désarroi. Pensant qu'il s'agissait d'une erreur, il entreprit la fouille complète du local.

Dépité, il ressortit par la porte, fermée par un simple loquet.

— Je n'ai trouvé que ce livre en allemand, avoua-t-il en le montrant au superintendant.

— *Mort sur le Nil*, traduisit Dodson. Si je ne m'abuse, c'est un roman d'Agatha Christie.

Omar Abdel-Atif se frappa le front de son poing fermé.

— Bon sang... Mais c'est la clé, bien sûr ! Howard Langton a été assassiné dans la suite d'Agatha Christie, à l'Old Cataract, et cette Domenica Strauss est une lectrice de la romancière ! Ou bien alors... Quelqu'un a été témoin du meurtre et nous désigne ainsi son auteur.

Abdel-Atif martela le roman de son index.

— Ce n'est peut-être pas une manière très glorieuse de découvrir l'assassin, messieurs, mais seul le résultat compte. À présent, il nous faut retrouver au plus vite cette demoiselle Strauss. Espérons qu'elle n'a pas pris la fuite !

L'égyptologue allemande travaillait dans la bibliothèque du centre archéologique, lorsque le gardien l'avertit que la police dévastait son appartement.

D'abord incrédule, la jeune femme abandonna la revue spécialisée qu'elle consultait, sortit de la bibliothèque, traversa une cour sablée et aperçut les deux Britanniques et le commissaire Abdel-Atif.

En s'approchant, elle constata les dégâts.

— Mais... Vous avez cassé un carreau et fouillé chez moi !

Le commissaire fit front.

— C'était indispensable, mademoiselle.

— Indispensable... Pour quelle raison ?

— N'aggravez pas votre cas. Pour vous, la meilleure solution est d'avouer. Les juges se montreront sans doute indulgents à votre égard.

— Avouer... Mais avouer quoi ?

— Que vous avez assassiné Howard Langton.

— C'est complètement faux, commissaire !

— Nier ne sert plus à rien. Nous avons la preuve de votre culpabilité.

38.

La blonde et fine égyptologue allemande garda son sang-froid.

— Quelle est cette preuve, commissaire ?

Dodson vola au secours de son collègue égyptien.

— Êtes-vous disposée à avouer, mademoiselle ?

— J'ignore les motifs pour lesquels vous avez monté une machination contre moi, mais je ne cesserai pas de proclamer mon innocence.

— Cette preuve... insista le commissaire Abdel-Atif.

— Vous l'avez inventée ! protesta Domenica Strauss. Pourquoi refusez-vous de me la montrer ?

L'Égyptien était prêt à l'exhiber, mais le regard de Lord Percival l'en dissuada.

— Vous voudrez bien demeurer chez vous jusqu'à nouvel ordre, mademoiselle.

— Vous m'arrêtez ?

— Bien entendu ! s'exclama Abdel-Atif. Comme vous êtes une étrangère, je veux bien ne pas vous envoyer en prison, mais je vous fais surveiller étroitement. Ne tentez surtout pas de vous enfuir !

L'Allemande fit face avec fierté.

— Parfait. Quand vous admettrez votre erreur, j'exigerai des excuses officielles.

Omar Abdel-Atif ne décolérait pas.

— Pourquoi ne pas avoir mis la preuve sous le nez de Domenica Strauss ? Elle aurait forcément craqué !

— Je crains, commissaire, que cette stratégie n'eût procuré de maigres résultats. Mlle Strauss a beaucoup de sang-froid, et cette affaire criminelle présente des aspects un peu déroutants.

La voix du commissaire trembla.

— Lord Percival, vous devez vous mettre à ma place : enfin, nous tenons un assassin plausible ! Domenica Strauss était amoureuse d'Howard Langton, il l'a repoussée. Par dépit, elle l'a tuée. c'est un crime passionnel classique. Si elle est défendue par un bon avocat, elle ne risque pas grand-chose. Et vous et moi aurons mis un point final à ce drame, pour la plus grande satisfaction des autorités égyptiennes et anglaises.

— C'est mon vœu le plus cher, commissaire. Mais cette « preuve » risque d'être un peu légère.

— Ah, je vois... Vous voulez l'utiliser au cœur d'une argumentation plus développée, pour ne laisser aucune chance à Domenica Strauss ?

— Si vous voulez.

— Bonne idée, bonne idée... vous autres, Britanniques, vous êtes des génies de la stratégie. Quand on a dominé le monde à partir d'une petite île brumeuse, on sait vraiment s'y prendre !

Cet hommage à la grandeur de l'Empire réjouit Angus Dodson. Le superintendant continuait à penser que seule la politique de la reine Victoria était digne de considération.

Alors que le commissaire Abdel-Atif commençait à se détendre, l'angoisse lui étreignit de nouveau la gorge.

— J'avais oublié Mme Abletout! Je suis sûr qu'elle fait le siège de mon bureau pour obtenir une protection policière.

Le commissaire ne se trompait pas.

L'égyptologue française arpentait de long en large les locaux de la police d'Assouan et menaçait tout fonctionnaire qui passait à sa portée de l'envoyer au bagne s'il ne prenait pas son cas comme une priorité. En l'absence du commissaire, ses subordonnés ne savaient comment réagir. Les uns après les autres, ils assuraient Albertine Abletout de leur considération la plus distinguée et lui juraient que la force publique égyptienne allait se mobiliser en sa faveur.

Dès qu'elle aperçut les deux Britanniques, la Française se précipita vers eux, Omar Abdel-Atif se cacha derrière le monumental Angus Dodson.

— C'est un véritable scandale, messieurs ! On tente de m'assassiner, et je ne trouve personne pour assurer ma protection et arrêter le bandit qui voulait me supprimer !

— Détrompez-vous, madame, dit Lord Percival avec sérieux. Nous aimerions savoir ce qui s'est exactement passé.

— Enfin quelqu'un qui m'écoute ! Si j'attrape le commissaire Abdel-Atif, je ne lui cacherai pas ma façon de penser !

Par prudence, le policier égyptien s'éclipsa.

— Quand l'agression s'est-elle produite, madame ?

— Cette nuit. En raison des mille et un soucis inhérents à mon activité archéologique, je dormais d'un sommeil léger quand j'ai entendu un bruit. J'ai d'abord cru que je me trompais, puis il y a eu un autre bruit. J'ai songé à des pas sur le parquet. J'ai allumé ma lampe de chevet et, dans la pénombre de l'entrée, je l'ai vu : un homme avec un fusil pointé vers moi ! Je ne suis pas d'une nature peureuse, mais j'ai hurlé de terreur ! Cette réaction a pris l'agresseur au dépourvu, il a hésité quelques instants, puis il a pris la fuite. Le temps de reprendre mon souffle, de sortir du lit, d'enfiler une robe de chambre et de m'élancer à sa poursuite, il avait disparu. J'ai ameuté le voisinage, mais nous n'avons pas pu intercepter le criminel.

— Pouvez-vous me le décrire ?

Albertine Abletout parut contrariée.

— Je suis une scientifique et j'ai coutume de donner une description très précise de ce que j'observe... Mais dans le cas présent, je me déçois moi-même ! Dans le recoin où se tenait mon agresseur, il ne faisait pas très clair et, de plus, il portait une sorte de turban. Tout ce que je peux affirmer sans hésitation, c'est qu'il était grand et athlétique.

— Et le fusil ?

— Je ne possède malheureusement aucune compétence dans le domaine des armes à feu. Mais le canon ne m'a pas paru très long...

— Probablement un canon scié, proposa Dodson.

— Réfléchissez bien, exigea Lord Percival. Un détail, si infime soit-il, vous aurait-il frappé ?

Albertine Abletout se concentra.

— J'aimerais pouvoir vous aider davantage... Mais je ne vois pas.

— Nous autorisez-vous à examiner les lieux du drame pour tenter d'y découvrir un indice ?

— Bien entendu... Et j'exige d'être protégée par la police. Cet homme reviendra, j'en suis sûre !

— Je crois que vous avez raison, madame.

39.

La felouque glissait lentement sur le Nil. Le soleil jouait avec sa voile blanche pour donner de tendres reflets qui s'alliaient avec le bleu de l'eau. Pendant plusieurs millénaires, les Égyptiens avaient utilisé ce fleuve, reflet du chemin d'eau céleste, pour aller de ville en ville et transporter les énormes blocs de pierre servant à l'édification des pyramides et des temples.

Lord Percival goûtait avec délectation ces instants hors du temps où la vie s'écoulait avec une douceur incomparable. Sur cette terre de miracles, le prodige se renouvelait sans cesse. Abou descendit du mât et mania le gouvernail avec souplesse, épousant le courant.

— Vous m'avez parfaitement remplacé, Votre Présence, pendant que je déployais la voile.

— Dans mon pays, j'ai eu l'occasion de naviguer.

Lord Percival renonça à se lancer dans de délicates explications concernant le passé maritime de son clan dont certains membres s'étaient brillamment illustrés en coulant des bateaux anglais, voire en devenant quelque peu flibustiers.

— Où désirez-vous aller, Votre Présence ?

— Au gré des vents.

— Mon âme est tourmentée.

— Pour quelle raison ?

— Parce que j'ai l'impression que vous me soupçonnez. Vous savez que je n'ai pas tué Howard Langton, mais vous vous demandez si je n'ai pas été témoin de faits que je tiens à cacher.

— Pour protéger quelqu'un, par exemple ?

— Vous êtes un homme de droit, Votre Présence, et vous repérez ce qui est tordu chez autrui. Réussir à vous abuser ne doit pas être facile.

— Comme tout un chacun, je manque souvent de lucidité ; l'important est qu'elle ne m'abandonne pas au moment crucial.

— Vous êtes persuadé que je ne vous ai pas dit toute la vérité.

— Ai-je tort ou raison ?

— Avec tout le respect que je vous dois, Votre Présence, vous avez tort. Si l'un de mes frères nubiens était impliqué dans ce meurtre, je me serais probablement tu. Mais ce n'est pas le cas, et je n'ai aucune raison de vous cacher quoi que ce soit. Tout s'est déroulé comme je l'ai dit, et je ne peux même pas émettre de soupçons cohérents.

— Merci pour votre collaboration, monsieur Abou.

L'Écossais avait espéré, sans trop y croire, que le géant nubien extirperait de sa mémoire un détail significatif. Cette piste-là se révélant stérile, il ne lui restait plus qu'à s'aventurer sur des chemins plus risqués. Mais Lord Percival n'abandonnerait pas à sa détresse la dépouille mortelle d'Howard Langton ; seule l'identification de son assassin lui permettrait de reposer en paix.

Une belle felouque, entretenue avec soin, se porta à la hauteur de celle d'Abou.

À son bord, deux marins et Abd el-Mossoul.

Altier, le vieillard se tenait à un cordage. Les deux embarcations réglèrent leur vitesse l'une sur l'autre, et se portèrent bord à bord.

— J'aimerais m'entretenir quelques instants avec vous, Lord Percival.

— Je suis à votre disposition.

— Allons près de la berge, dans un endroit tranquille.

La felouque d'Abd el-Mossoul prit la tête, Abou suivit. Avec une habileté remarquable, les marins immobilisèrent leurs esquifs à l'abri d'un rocher.

— Avez-vous bien compris l'ensemble des messages que je vous ai adressés, Lord Percival ?

— Je l'espère.

— En ce cas, vous y voyez beaucoup plus clair dans cette ténébreuse affaire.

— Je m'y efforce.

— L'Égypte est un vieux pays, et je suis un vieil homme. Ici, le temps s'écoule plus lentement qu'ailleurs et les coutumes sont solides. Vous n'êtes certainement pas un homme qui aime détruire les harmonies établies et semer la discorde là où règnent des accords tacites. Détruire n'est-il pas toujours un échec ?

— N'auriez-vous pas quelques confidences à me faire, Abd el-Mossoul ?

L'Égyptien eut un sourire énigmatique.

— Si j'avais commis ce genre d'erreur, Lord Percival, je ne serais pas qui je suis. Je vous ai aidé et j'ai la faiblesse de penser que cette aide vous aura été précieuse. Puisque vous connaissez l'assassin d'Howard Langton, ne serait-il pas bon de l'arrêter discrètement et de mettre enfin un point final à cette désolante affaire ?

— Pour parvenir à la vérité, j'aurai encore besoin de votre collaboration, demain soir, à l'hôtel Old Cataract.

Cette invitation sembla contrarier Abd el-Mossoul.

— Je comptais partir me reposer dans le Delta...

— Ce ne sera pas long, promit Lord Percival, mais votre présence est indispensable.

Le vieil Égyptien tourna le dos à l'Écossais, et sa felouque s'ébranla doucement.

— Monsieur Glotoni ! s'exclama Angus Dodson. C'est précisément vous que je cherchais.

Vêtu d'une chemise verte pâle en coton et d'un pantalon moulant, l'égyptologue français faisait installer ses valises dans un taxi.

— Ravi de vous revoir, superintendant, mais je suis pressé. L'avion pour Le Caire ne m'attendra pas.

— Je suis désolé, mais il convient de retarder un peu votre départ.

— Qu'est-ce que ça signifie ?

— Dans le cadre de notre enquête criminelle, nous aimerions organiser une sorte de reconstitution, demain soir, à l'Old Cataract. Vous n'y voyez pas d'inconvénient, j'espère ? Votre témoignage pourrait nous être fort précieux.

— Je crois que vous vous trompez... J'ai déjà tout dit, et je ne vois pas en quoi je pourrais vous aider davantage.

— On cache souvent au fond de soi des trésors que l'on ignore.

— Et si je refusais de me plier à vos exigences ?

— Nous serions contraints de demander au commissaire Abdel-Atif d'utiliser la force. Mais pourquoi en venir à de telles extrémités, alors que vous n'avez rien à vous reprocher ?

Rageur, Villabert Glotoni sortit ses valises du taxi.

40.

— Comment se comporte Domenica Strauss ? demande Lord Percival au commissaire Abdel-Atif.

— Cette criminelle a des nerfs d'acier ! Elle passe son temps à lire et à rédiger des fiches, comme si de rien n'était ! Elle continue son travail d'égyptologue, dialogue parfois avec les policiers chargés de la surveiller et ne semble nullement préoccupée de l'accusation qui pèse sur elle ! Incroyable... Il est vrai qu'avec les femmes, on peut s'attendre à tout ! Si je vous parlais de la grand-mère d'Abou, par exemple...

La sonnerie du téléphone interrompit le commissaire.

— Oui, c'est moi... Qui ?... Vous le retenez, bien entendu ! Nous arrivons.

Omar Abdel-Atif avait une expression de carnassier.

— Steven Faxmore vient d'être intercepté par une patrouille de police, entre Assouan et Abou-Simbel. Il ne dispose pas des autorisations nécessaires pour circuler dans cette région et ses explications sont plutôt embrouillées.

Lord Percival n'était pas mécontent de revoir le magnifique désert qui se déployait au-delà de la première cataracte, en direction de l'antique Nubie et du Soudan moderne. De part et d'autre de la piste, des amoncellements de pierres et de sable avaient pris la forme de pyramides dont certaines étaient de belle taille. Et puis il y avait la pureté de l'air, une certaine qualité de silence inconnue ailleurs, l'apparition de certains mirages qui faisaient frissonner le sol comme une vague un peu trouble et, parfois, le passage d'une caravane de chameaux guidés par un vieux mâle qui connaissait chaque difficulté du chemin.

Cinq policiers encadraient un Faxmore très irrité.

— Je ne suis pas mécontent de vous voir, messieurs ! C'est la première fois qu'on m'importune ainsi pour de stupides histoires administratives !

— Où comptiez-vous vous rendre ? demanda le commissaire.

— Une petite virée à Abou-Simbel.

— Ce temple n'entre pas dans votre programme d'étude, remarqua Lord Percival.

— Et alors... Je n'ai pas le droit de me comporter en touriste ?

— Quoi qu'il en soit, estima Omar Abdel-Atif, vous n'êtes pas en règle, et nous retournons tous à Assouan.

— Comme nous souhaitions précisément vous inviter à une sorte de réception à l'Old Cataract, précisa l'Écossais, les circonstances vous sont favorables.

La mine bourrue et la moustache sévère, deux policiers poussèrent le docteur Alan Qerry dans le bureau du commissaire Abdel-Atif.

— Je proteste contre le traitement qui m'est infligé ! dit Qerry dont la voix monta haut dans l'aigu. c'est tout à fait scandaleux, et je vais...

— Allons, allons, docteur ! Vous auriez pu éviter tous ces désagréments si vous n'aviez pas tenté de quitter Le Caire en prenant un avion pour Rome sans être en règle avec l'administration.

— On m'importune avec des détails ridicules !

— Que comptiez-vous faire à Rome ?

— Ma vie privée ne vous regarde pas.

— À votre aise... Pour le moment, Scotland Yard et moi-même avons besoin de vous ici, à Assouan.

— Et pourquoi devrais-je me rendre à cette... invitation ? questionna Ahmed al-Fostat avec irritation.

— Parce qu'elle est un peu plus qu'une invitation, répondit le superintendant.

— Je comptais partir en vacances et je maintiens mes projets ! D'ailleurs, je n'ai pas à obéir à un policier anglais.

— C'est tout à fait exact, mais je jouais simplement le rôle de messager.

— Et... si je ne viens pas à l'Old Cataract, que se passera-t-il ?

— Au mieux, vous serez arrêté pour délit de fuite ; au pire, pour meurtre.

— Vous plaisantez, superintendant !

— Avant la reconstitution d'un crime, l'humour, fût-il anglais, n'est pas de mise.

L'eau portée à ébullition dans une bouilloire n'aurait pas émis un sifflement plus rageur que celui d'Albertine Abletout devant Lord Percival.

— Si j'interprète bien vos propos, vous me convoquez pour une confrontation !

— C'est une façon de voir les choses, chère madame.

— C'est un abus de pouvoir dont vous vous repentirez, vous pouvez me croire !

— Vous devrez malheureusement retarder de quelques heures votre retour à Paris.

— Vous allez me faire manquer un cocktail et une remise de décorations ! Est-ce que vous vous rendez compte ?

— Peut-être pas autant qu'il conviendrait, madame, mais je compatis.

— Et si je passais outre ?

— Sans votre présence, notre petite réunion de l'Old Cataract n'aurait plus aucune saveur.

L'argument dérida un peu la Française.

— Je consens à vous accorder cette faveur, Lord Percival, mais ce sera la dernière !

— Abd el-Mossoul a-t-il modifié ses habitudes ? demanda Lord Percival au commissaire Abdel-Atif.

— Mes indicateurs ne m'ont rien signalé. Il se tient parfaitement tranquille.

— C'est donc à nous de jouer.

— Mais... Nous tenons la coupable ! Cette reconstitution froisse bien des susceptibilités et, si vous n'aviez pas tant insisté...

— Peut-être aurons-nous quelques surprises, cher ami.

Dans moins de deux heures, l'Écossais tenterait d'identifier l'assassin d'Howard Langton et de démêler les fils d'une intrigue à laquelle l'égyptologue anglais n'avait pas su échapper.

Aussi Lord Percival alla-t-il méditer au bord du Nil, pour affiner sa stratégie tout en contemplant l'un des couchers de soleil qui font comprendre pourquoi la vie mérite d'être vécue.

41.

Vêtu d'une superbe galabieh bleu pâle, Abd el-Mossoul se présenta à l'Old Cataract à la tombée du jour. En quelques minutes, la nuit étendrait son royaume sur l'Égypte. Dans les rues et les ruelles, on discuterait deux ou trois heures sur le pas de la porte, en échangeant les ragots glanés ici ou là, tout en buvant du thé ou du café.

Ce fut Angus Dodson qui accueillit l'Égyptien.

— Vous êtes le dernier... Si vous voulez bien me suivre.

Abd el-Mossoul pensait être reçu sur la célèbre terrasse de l'hôtel, mais le superintendant le conduisit au troisième étage, jusqu'à la suite d'Agatha Christie.

— Entrez, ordonna le commissaire Abdel-Atif, très tendu. Les autres participants à la reconstitution sont déjà arrivés.

À gauche de la porte, Ahmed al-Fostat, les bras croisés et le visage fermé. L'inspecteur des Antiquités avait choisi un costume gris un peu fripé et une cravate orange.

À droite de la porte, le géant nubien Abou à qui Lord Percival avait demandé d'intervenir si l'assassin, une fois découvert, tentait de s'enfuir.

Du côté du lit à baldaquin, le docteur Alan Qerry, dans son sinistre costume noir, tentait de passer inaperçu. Non loin de lui, adossé à la cloison en bois ouvragé séparant la chambre du salon, Steven Faxmore portait son habituelle veste rouge et un pantalon sombre.

Assise sur un fauteuil confortable, devant la fenêtre du salon, Albertine Abletout, en tailleur mauve, regardait Villabert Glotoni, très énervé, aller et venir, sans cesser de triturer sa cravate blanche en soie.

Quant à Domenica Strauss, ravissante dans son chemisier pâle et son pantalon vert assorti à ses yeux, elle se tenait debout sur le seuil du bureau d'Agatha Christie d'où sortit Lord Percival.

— C'est ici qu'a été retrouvé le cadavre d'Howard Langton, poignardé dans le dos, déclara-t-il. Telle est bien la vérité, monsieur Abou ?

Le Nubien hocha la tête affirmativement.

Abd el-Mossoul s'avança dans le salon et s'assit sur une chaise paillée, entre Ahmed al-Fostat et Domenica Strauss.

— J'ai tenu à vous réunir ici, dit Lord Percival d'une voix posée, car, à l'exception d'Abou dont l'innocence a été établie, vous êtes tous suspects.

— Je ne veux pas en entendre davantage ! glapit Villabert Glotoni. Accusez qui vous voudrez, mais pas moi... Je veux dire, pas nous, qui sommes des savants respectables et respectés !

— Calmez-vous, recommanda l'Écossais. Un proverbe français n'indique-t-il pas que la colère est mauvaise conseillère ?

Vexé, Glotoni tourna le dos à Lord Percival et regarda par la fenêtre.

— Je suis arrivé à une première conclusion, continua ce dernier. Howard Langton était un homme de qualité et un amoureux de son métier. Il n'avait ni une mentalité d'arriviste ni celle d'un exalté avide de découvertes sensationnelles. Langton est venu en Égypte animé d'un idéal : remplir la mission qui lui avait été confiée, quels que soient les obstacles.

Glotoni haussa les épaules.

— En partant d'une telle base, protesta Albertine Abletout, vous risquez de vous égarer très vite !

— Peut-être pas, chère madame. Pour tenter de comprendre les mobiles du crime, il fallait d'abord répondre à une question fondamentale : pourquoi plusieurs égyptologues, auxquels s'était ajouté Abd el-Mossoul, s'étaient-ils réunis sur la terrasse de l'Old Cataract ? Une réunion exceptionnelle, en vérité, si l'on tient compte du fait que l'hôtel était ferme pour travaux et de l'identité des participants. Cette question, chacun de vous l'a soigneusement éludée pour accréditer la thèse d'une simple mondanité due au hasard. C'est bien votre avis, mademoiselle Strauss ?

L'Allemande sembla étonnée.

— Oui, c'est bien ce que je pensais...

— Donc, Howard Langton ne vous avait pas mise au courant.

— Au courant de quoi ?

— Selon moi, Howard Langton ne supportait ni le mensonge ni l'incompétence. Avec la fougue de la jeunesse et l'élan de sa récente nomination, il avait décidé de « faire le ménage », pour utiliser une expression triviale, après avoir repéré ceux et celles qui se moquaient de leur tâche et nuisaient à l'égyptologie en se dissimulant derrière leurs titres et leurs avantages acquis. Son enquête terminée, Howard Langton avait décidé de convoquer ces personnes qu'il jugeait indignes et d'exiger qu'elles modifient leur comportement.

— Si je vous suis bien, analysa Domenica Strauss, Howard a voulu jouer les justiciers !

— D'une certaine manière, en effet.

— Vous avez certainement raison, Lord Percival. C'était tout à fait lui.

— C'est ridicule, estima Villabert Glotoni.

— Non, protesta l'Allemande, cette démarche correspondait parfaitement au caractère d'Howard.

— Le hasard n'a donc joué aucun rôle dans cette réunion, conclut l'Écossais. Howard Langton avait donné rendez-vous à tous ceux qu'il voulait sermonner.

— Cessez de raconter n'importe quoi ! trancha Albertine Abletout. Croyez-vous que je me serais soumise aux exigences de ce petit érudit sans envergure ?

— En l'occurrence, oui, madame, car Howard Langton occupait un poste important et avait la possibilité de vous nuire. Comme les autres, vous avez pris ses menaces au sérieux, et la curiosité vous a poussée à connaître ses intentions précises.

Si les yeux de l'égyptologue française avaient été des lance-flammes, le châtelain aurait été réduit en cendres.

La voix rauque de Steven Faxmore emplit la suite d'Agatha Christie.

— Si nous voulons échapper à ces hypothèses fantaisistes, il suffit de se raccrocher à la réalité. Abou a été innocenté, d'accord, mais sait-on jamais... Et puis je me suis laissé dire que la police égyptienne avait découvert un nouveau coupable et portait des accusations précises.

Omar Abdel-Atif regarda Lord Percival, lui lançant un muet appel au secours.

— C'est exact, monsieur Faxmore, reconnut ce dernier. Mlle Strauss est effectivement soupçonnée de meurtre.

42.

Tous les regards convergèrent vers l'égyptologue allemande.

— Vous avez eu le temps de réfléchir, mademoiselle Strauss. Êtes-vous décidée à avouer ?

— Ma conscience est parfaitement tranquille, Lord Percival.

— Dites la vérité, ma petite, recommanda Albertine Abletout. Ça vous soulagera et vous ferez gagner du temps à tout le monde.

— Notre collègue a raison, renchérit Faxmore. Il y a sûrement une bonne explication à votre geste, et votre condamnation sera légère.

— N'insistez pas, très chers amis ! rétorqua Domenica Strauss avec ironie. Votre sollicitude me touche, mais ma position est immuable.

— Vous ne faites qu'aggraver votre cas, susurra Glotoni. Ce que les femmes peuvent être têtues, parfois !

Lord Percival poursuivit.

— Vous n'avez pas accusé Abou, mademoiselle Strauss, et rien ne permet d'établir un lien quelconque entre vous et Abd el-Mossoul. En revanche, vous êtes décrite comme une femme de tête, acharnée, non dépourvue de passion. Ahmed al-Fostat vous considère comme « capable de tout ».

— Pourquoi pas, surtout lorsqu'il s'agit de tenir tête aux mauvaises langues ?

L'inspecteur des Antiquités regarda ses pieds.

— Votre compétence égyptologique n'est mise en cause par personne, continua l'Écossais. Mme Abletout considère même que vos dictionnaires et vos fiches sont vos compagnons les plus fidèles.

— Ma chère collègue estime peut-être que le travail technique est inutile. Ce n'est pas mon avis. Nos connaissances progressent tellement vite que le jour et la nuit ne suffisent plus pour s'informer. Un peu trop de paresse, et l'on est vite dépassée.

— Pfff ! se contenta de répondre l'égyptologue française.

— Ah, j'oubliais : il y a un autre témoignage très négatif contre vous, celui de Villabert Glotoni. Lui aussi estime que vous êtes capable de tout et que, pour réussir à identifier l'assassin, il fallait s'orienter dans votre direction.

La belle Allemande sourit.

— À part lui et lui-même, M. Glotoni est-il capable d'aimer quelqu'un ?

— Je ne vous permets pas ! s'exclama le Français.

— Vous, vous vous autorisez à m'accuser d'un crime, et moi, je ne devrais pas me permettre de vous taxer de narcissisme !

Domenica Strauss se mettait réellement en colère. Glotoni battit en retraite.

— Admettez-vous, mademoiselle Strauss, que vous étiez éprise d'Howard Langton ?

— Je ne me faisais aucune illusion, Lord Percival ; tout le monde savait que j'étais sa maîtresse et que nous nous adorions. Cette liaison ne nous empêchait pas de mettre notre travail au premier plan et de nous acquitter de nos tâches sans le moindre retard.

— Mme Abletout pense qu'Howard Langton vous a jugée trop envahissante et qu'il a décidé de rompre. Ne supportant pas d'être rejetée, vous l'auriez assassiné pour vous venger.

— Ma chère collègue ignorait qu'Howard avait un caractère très indépendant, et que le mien ne lui cédait en rien sur ce terrain. Si, un jour, nous avions décidé de nous quitter, cet événement n'aurait pas été une tragédie.

— Il y a tout de même une preuve, rappela timidement le commissaire Omar Abdel-Atif.

— Je ne l'oublie pas, le rassura l'Écossais. Un autre détail, auparavant : vous êtes-vous occupée des momies du docteur Qerry ?

— Je me suis contentée de lui demander des informations, précisa l'égyptologue allemande, et il ne m'a jamais répondu. Allez-vous enfin me montrer cette fameuse preuve qui fait de moi une criminelle ?

Lord Percival pénétra dans le bureau d'Agatha Christie et en ressortit, un livre à la main.

— La voici : une édition allemande de *Mort sur le Nil,* d'Agatha Christie.

Domenica Strauss parut stupéfaite.

— Cet ouvrage ne m'appartient pas ! Et je ne lis jamais de romans policiers. Quelqu'un l'a déposé chez moi, c'est évident !

Le commissaire Abdel-Atif espérait que Lord Percival s'engouffrerait dans cette brèche et amènerait la suspecte à avouer. Mais la réaction de l'Écossais fut toute différente.

— C'est exactement la conclusion à laquelle je suis arrivée, mademoiselle Strauss. Elle est d'autant plus certaine que la manœuvre fut tardive et maladroite. Vous concernant, il reste néanmoins un point troublant.

Un instant soulagée, la belle Allemande fut brusquement inquiète.

— Lequel ?

— Le col de la chemise d'Howard Langton était imprégné d'aromates. Votre thèse ne portait-elle pas sur les « cônes de résurrection », à savoir ces cônes parfumés que les invités au banquet de l'éternité portaient sur leur tête, comme on le voit sur les bas-reliefs de nombreuses tombes thébaines ?

— Oui, mais...

— Après avoir tué votre amant, ne lui avez-vous pas rendu un ultime hommage, très égyptologique, pour lui permettre d'accéder paisiblement à l'au-delà ?

— Mais non, Lord Percival ! C'eût été une idée complètement folle... Et je vous jure que je n'ai pas tué Howard Langton !

L'Écossais se détourna de la jeune Allemande et se gratta la tempe.

— Il est possible que l'assassin soit un homme et qu'il cherche encore à frapper, puisqu'il a menacé Mme Abletout. À moins qu'il ne s'agisse d'un complice...

Le commissaire Abdel-Atif pensa que Lord Percival était complètement perdu. Il imaginait déjà les protestations véhémentes des personnalités présentes, à l'issue de cette confrontation manquée, et la perte inévitable de son poste.

Lord Percival s'adressa à Villabert Glotoni.

— Ne seriez-vous pas cet homme au fusil ?

43.

Surpris par la question de l'Écossais, Villabert Glotoni tira sur sa cravate en soie blanche, au risque de s'étrangler lui-même.

— Pourquoi... Pourquoi osez-vous penser une chose pareille, Lord Percival ?

— Vous ne plaisez pas à tout le monde, semble-t-il.

— Et alors ? Je n'ai plus besoin de prouver mes compétences, elles sont bien connues ! Dans ce pays et dans ma discipline, je me suis rendu indispensable, et c'est pour ça que certains m'en veulent !

— Vous êtes tout de même plutôt persifleur, par exemple, au détriment d'Abou. En revanche, vous vous êtes montré élogieux envers l'inspecteur al-Fostat, dont on ne peut tout de même pas dire qu'il est un « homme charmant ».

— Chacun ses goûts, Lord Percival ! Les jugements sont subjectifs, les miens valent bien les vôtres.

— Admettez quand même que me présenter Abd el-Mossoul comme un « charmant vieillard » ne correspond guère à la réalité. Vous connaissez bien le pays, vous connaissez bien les activités de cet individu... Pourquoi mentir ?

— Abd el-Mossoul est aujourd'hui un personnage respectable, et je...

— Que faisiez-vous sur le site de Tell el-Amarna, monsieur Glotoni, sinon un négoce un peu particulier ? Vous aviez la possibilité d'approcher les petits voleurs d'antiquités et vous tentiez d'acquérir quelques objets qui échapperaient ainsi aux musées, n'est-ce pas ?

— C'est une accusation totalement gratuite et je porterai plainte pour diffamation !

— Vous avez encensé le docteur Qerry, rappela Lord Percival, mais lui, il ne s'est pas privé de vous désigner comme l'assassin d'Howard Langton.

Villabert Glotoni resta d'abord muet d'indignation, puis se précipita sur Alan Qerry.

— Qu'est-ce que tu as osé raconter, vermine ?

Il fallut la poigne puissante d'Abou pour empêcher le Français d'étrangler le spécialiste des momies qui reprit son souffle avec difficulté.

— Rien... Je n'ai rien raconté du tout, gémit le docteur Qerry. Et puis même... Si vous êtes coupable, c'est votre problème, pas le mien ! Les statistiques le prouvent : il y a beaucoup plus de criminels chez les Français que dans les autres peuples.

Villabert Glotoni se fit dédaigneux.

— Des ragots sortis de la bouche d'un faux scientifique, rien de plus ! Avec ça, vous n'irez pas loin.

— Vous pourriez cependant être condamné pour tentative de chantage sur la personne de Domenica Strauss, précisa Lord Percival.

Cette fois, Villabert Glotoni ne protesta pas.

— Vous êtes ignoble, lui lança l'Allemande avec un regard qui exprimait un souverain mépris.

— Vous n'avez rien à faire en Égypte ! piailla le Français. Plus vite vous partirez, mieux ça vaudra. Au fond, j'essayais simplement de vous rendre service.

— Vous partirez avant moi, prophétisa l'Allemande, car c'est vous-même que vous aimez, et non l'Égypte.

L'Écossais fit quelques pas et s'arrêta devant Albertine Abletout.

— Puis-je vous avouer que je vous ai soupçonnée, madame ?

— J'ignorais qu'une personne de votre qualité pût avoir de tels moments d'égarement !

Lord Percival consulta ses notes.

— Cette hypothèse n'était pas complètement dénuée de fondements. Votre tempérament... exclusif ne vous a-t-il pas entraînée à briser bien des carrières ?

— Mes détracteurs inventent n'importe quoi à mon sujet ! Je m'en moque, car j'ai pris l'habitude d'aller de l'avant et d'écarter les incapables et les inutiles.

— Vous êtes une personnalité que l'on redoute, en raison de votre exubérance et de vos attitudes proches de celle d'une tragédienne. Plus on se tient éloigné de vous, a-t-il été dit, mieux on se porte.

L'égyptologue française ne sembla nullement gênée.

— Est-ce l'essentiel de vos accusations, Lord Percival ?

— Abd el-Mossoul ne vous porte pas dans son cœur, et vous affirmez ne pas le fréquenter.

— Et vous ne me croyez pas ?

— Si, madame.

L'égyptologue française fut un instant désarçonnée.

— Mais alors... Que me reprochez-vous ?

— D'après Domenica Strauss, Howard Langton estimait que votre pratique égyptologique sur le terrain ne correspondait pas à votre réputation, que vous entretenez vous-même avec beaucoup de soin.

— Méprisables médisances !

— Langton était un homme méticuleux et il s'était aperçu que les chantiers de fouilles dont vous étiez responsable n'étaient plus dirigés d'une manière satisfaisante. Aussi avait-il l'intention de réclamer, avec un maximum de discrétion, votre remplacement. Il ne cherchait pas à vous nuire personnellement, mais se préoccupait de développer dans votre secteur une véritable recherche égyptologique.

— C'est complètement grotesque !

— Pour vous, madame, une injure suprême.

— Comment pourrais-je être atteinte par des propos aussi dérisoires ? Ma réputation parle pour moi !

Lord Percival insista.

— Je pense qu'il y a eu un véritable affrontement entre Howard Langton et vous-même, et que vous lui avez bien intimé l'ordre de quitter l'Égypte. « S'il m'avait écoutée, m'avez-vous dit, il serait encore vivant. » Et cette confidence vous innocente.

— Je souhaitais son départ rapide, c'est vrai, car je redoutais une catastrophe. Je n'imaginais pas un crime.

— De mon côté, avoua Lord Percival en se dirigeant vers Steven Faxmore, je n'imaginais pas que des érudits n'aient d'autre but que d'utiliser leur science pour s'enrichir.

44.

Le visage anguleux marqué de rides profondes, des pattes fournies mangeant ses joues, le menton pointu, la voix rauque, Steven Faxmore tira sur les pans de sa veste rouge, comme s'il voulait préserver toute sa dignité.

— Seriez-vous l'homme au fusil ? interrogea Lord Percival.

— Je déteste les armes à feu.

— Et les armes blanches ?

— Je les déteste également.

— Si je comprends bien, vous êtes un homme pacifique et sans histoires.

— Exactement, Lord Percival.

— Sans histoires... C'est sans doute beaucoup dire, monsieur Faxmore. Au point où nous en sommes arrivés, ne devriez-vous pas avouer ?

— Ce type de méthode ne vous mènera à rien. Vous savez bien que je suis innocent et que me provoquer est inutile.

— Innocent... En êtes-vous si sûr ?

Le regard du châtelain se fit acéré.

— Prouvez-moi le contraire.

— D'après le docteur Qerry, vous savez tout sur tout le monde. Pourquoi ne pas m'avoir donné le nom de l'assassin d'Howard Langton ?

— Parce que je l'ignore. Qerry m'attribue des qualités que je ne possède pas.

— Vous êtes écossais, Langton était anglais. Et il existe au moins un témoin d'une querelle qui vous a opposé à la victime.

— C'est entendu, l'Écosse et l'Angleterre ne concluront jamais la paix, et la seule solution consiste à donner son indépendance à l'Écosse. Mais de là à tuer un collègue, il y a un grand pas...

— Vous avez pourtant reconnu vous-même que Langton était un concurrent dangereux et qu'il menaçait votre tranquillité et votre poste.

Steven Faxmore eut un geste évasif.

— C'est la vie... Quand un jeune technicien accède à une haute fonction, il cherche à tout casser pour mieux imposer sa griffe. C'est toujours comme ça, et ça se passera toujours comme ça. Pas la peine d'en faire toute une histoire... Langton aurait mis de l'eau dans son vin, et on aurait fini par trouver notre territoire respectif.

— J'ai beaucoup de mal à admettre que vous ignoriez les projets d'Howard Langton.

— C'est pourtant la vérité, Lord Percival. Il n'avait d'ailleurs aucune raison de me mettre dans la confidence. Supposer le contraire serait illogique.

— Ce qui est logique, c'est de constater que vous aviez un mobile pour vous débarrasser de Langton. De plus, d'après Villabert Glotoni, vous vous prenez pour un avaleur d'âmes et un exécuteur qui manie volontiers un grand couteau.

Un rire grinçant secoua la grande carcasse de Faxmore.

— Ce brave Glotoni évoque un bal masqué où je suis effectivement apparu dans cet accoutrement... Rassurez-vous, je n'ai exécuté personne.

— De quoi rêvez-vous ?

La question de Lord Percival prit Faxmore au dépourvu.

— Mes rêves... mais pourquoi vous intéressent-ils ?

— Peut-être permettront-ils d'expliquer le meurtre.

— Ça me surprendrait...

— Ne soyez pas si secret, monsieur Faxmore. Mme Abletout a exagéré, conformément à ses habitudes, en prétendant que vous vouliez étendre votre empire à l'Égypte entière, mais elle avait raison en supposant que vous aviez un « projet commercial », ce qu'Abd el-Mossoul a confirmé en précisant que vous désiriez autre chose que la science.

— La rumeur est souvent mensongère, Lord Percival, et les personnes que vous citez ne m'apprécient pas. Elles ont donc tout intérêt à me créer des ennuis.

— Le superintendant Dodson et moi-même vous avons vu dans le mausolée de l'Agha Khan. Nous ne croyons pas que vous soyez l'un de ses fidèles et que vous prononciez des prières pour le repos de son âme. En revanche, ce multimilliardaire est la plus fabuleuse incarnation de tous vos rêves. Souvenez-vous, monsieur Faxmore... Lors du jubilé de l'Agha Khan, son poids en diamants sur la balance... Un poids en diamants que vous imaginiez possible pour vous-même, en raison de votre génie des affaires.

— Vous vous égarez, Lord Percival ! Je ne suis qu'un simple égyptologue.

— Comme le docteur Qerry, votre ami et votre complice ?

Le spécialiste des momies s'insurgea.

— Non, c'est inexact ! Je suis un solitaire, je n'ai aucun ami.

Lord Percival se tourna vers Alan Qerry.

— Pour détourner mes soupçons, Steven Faxmore vous a qualifié de personnage sinistre, aux activités troubles, voire condamnables. Chacun a pris conscience que les résultats de vos recherches sont inexistants et que votre étude des momies n'a aucune consistance... bref, vous avez une autre occupation, sans rapport avec la science. Une occupation que Langton avait découverte et qu'il jugeait incompatible avec vos fonctions officielles.

— Ma spécialité, ce sont les momies, et rien d'autre !

— Vous oubliez le mensonge, monsieur Qerry : n'avez-vous pas affirmé que vous n'aviez jamais rencontré Howard Langton ? Une erreur grossière... De toute évidence, ce dernier a contacté toutes les personnes qu'il suspectait avant de les convoquer à l'Old Cataract. Sentant que l'étau se resserrait autour de vous, vous avez inventé la thèse d'un complot. Mais vous avez les mêmes rêves que votre ami Faxmore : vous enrichir. Certes, vous vendez, depuis des années, des morceaux de momies à Abd el-Mossoul qui croit en leur vertu aphrodisiaque, mais ce petit commerce ne vous rapporte que de modestes bénéfices.

— Qui vous a raconté ces inepties ?

— Un témoin oculaire dont la déposition suffira à vous envoyer en prison.

Les pommettes saillantes du docteur Qerry rosirent.

— Ce... Ce n'est pas sérieux !

— Même votre acheteur vous accusera. Et ce n'est pas tout : vous, comme Faxmore, avez sous-estimé la détermination d'Howard Langton et sa capacité à découvrir la vérité. Chez lui, il avait conservé une petite amphore contenant une bière médiocre, certes, mais qui se voulait originale. Une bière qui portait tous vos espoirs, docteur Qerry, et ceux de Steven Faxmore.

Qerry et Faxmore se regardèrent, interloqués. Paniqué, Qerry implorait silencieusement le secours de Faxmore.

45.

— D'accord, concéda Steven Faxmore, vous avez raison. Si l'on réfléchit bien, Qerry et moi n'avons commis aucun délit. Je ne nie pas notre ambition commerciale, mais qu'a-t-elle de répréhensible ?

— Aux yeux d'Howard Langton, elle l'était, objecta Lord Percival.

— Parce qu'il était un puriste ! L'échantillon que vous avez retrouvé chez lui, c'est moi qui le lui ai donné pour qu'il constate que le produit n'était pas encore au point.

— Pourtant, il vous avait convoqué à l'Old Cataract.

— Pour me donner sa réponse définitive.

— Et s'il vous avait demandé de quitter votre poste et de retourner en Grande-Bretagne ?

Steven Faxmore sembla accablé.

— J'aurais été obligé de m'incliner, et Qerry aussi. Ni lui ni moi ne sommes des assassins.

Lord Percival sourit.

— Merci pour votre lettre anonyme, monsieur Faxmore.

— Comment m'avez-vous identifié ?

— Vous n'aimez ni les titres ni l'aristocratie et, tout en sachant qui j'étais, vous avez commencé votre lettre par un simple « monsieur ». Et puis vous seul, un Écossais, pouviez être l'auteur de cette missive adressée à un compatriote. Grâce à vous, j'ai su que mon ami Langton avait été assassiné.

— Je n'ai fait que mon devoir, dit Faxmore avec dignité. Langton m'avait parlé de vous en des termes si élogieux que je savais pouvoir compter sur votre intervention.

Lord Percival se tourna vers Abd el-Mossoul qui n'avait pas ôté son bonnet de cuir orné d'un liseré d'or.

— Vous avez rencontré Howard Langton et vous lui avez demandé de se montrer conciliant avec vous. Mais il est resté intransigeant.

— Regrettable erreur de jeunesse, Lord Percival.

— Certains vous présentent comme un paisible vieillard qui a renoncé à ses coupables activités. C'est malheureusement inexact.

— Vous voulez parler de ce petit négoce de morceaux de momies avec le docteur Qerry ? Simple amusette, Lord Percival. J'ai d'ailleurs refusé d'acheter ce que me proposait ce bon docteur... Plusieurs témoins dignes de foi vous le confirmeront.

— Je voulais parler d'un délit d'une autre envergure, précisa l'Écossais : le pillage d'une tombe inviolée.

— Un rêve romantique...

— Pas pour vous. Howard Langton vous a convoqué à l'Old Cataract parce qu'il savait que vous étiez reparti en chasse et que vous suiviez une piste intéressante. C'est la signification d'une note manuscrite découverte chez la victime : *Stopper Abd el-Mossoul.*

— Langton se trompait, inspecteur.

— Vous êtes parti loin de vos bases habituelles pour explorer le désert proche de Tell el-Amarna, parce que vous avez appris qu'on avait découvert dans cette zone un objet fabuleux. Votre instinct vous poussait à envisager une trouvaille extraordinaire, n'est-ce pas ?

— Du rêve, Lord Percival, rien que du rêve...

— Bien sûr, vous êtes la prudence même et vous ne montez jamais en première ligne. C'est pourquoi il vous fallait un complice bien placé, de préférence un inspecteur des Antiquités. Vous, Ahmed al-Fostat.

Les yeux minuscules de l'Égyptien se dilatèrent.

— Vous faites erreur, Lord Percival ! Je suis un homme honnête et je vous ai aidé, souvenez-vous !

— Votre dossier n'est pas très brillant, monsieur al-Fostat. Vous avez obtenu votre poste par des voies détournées et, surtout, vous m'avez menti.

— Moi ? Jamais je n'aurais osé !

— D'une part, vous avez tenté de me faire croire que vous n'étiez pas l'allié d'Abd el-Mossoul ; d'autre part, vous avez prétendu n'avoir jamais rencontré Howard Langton. D'après Domenica Strauss, Langton avait décelé votre incompétence et vos compromissions, et il vous aurait révélé son intention de les signaler à vos supérieurs pour qu'ils vous démettent de vos fonctions.

— N'écoutez pas cette femme, Lord Percival.

— Steven Faxmore a confirmé les dires de Mlle Strauss, et il a même assisté à la scène au cours de laquelle Langton a ôté votre masque. Comme il était prêt à ruiner votre carrière, vous n'aviez d'autre solution que de le supprimer.

— Jamais je n'aurais couru un tel risque !

— Votre rôle ne s'arrête pas là, poursuivit l'Écossais. Sur le site de Tell el-Amarna, vous nous avez suivis, conformément aux instructions de votre véritable patron, Abd el-Mossoul, pour savoir si nous avions découvert la tombe que vous convoitiez. Et vous avez même tenté de nous éloigner de cet endroit sensible.

— C'est de la persécution... Si j'étais anglais, vous ne me traiteriez pas de cette façon !

— Dans la tombe où vous m'aviez tendu un traquenard, j'ai trouvé la preuve que vous êtes un voleur.

L'accusation fit blêmir Ahmed al-Fostat.

— Ce n'est pas possible...

Lord Percival sortit de sa poche un petit objet en forme de grenouille.

— Voici l'amulette que vous avez volée au musée d'Assouan. Quand vous avez préparé le piège, vous l'avez perdue.

— Non, c'est faux ! Je l'avais vendue à Abd el-Mossoul, et c'est lui qui l'a abandonnée dans le tombeau, pour me faire accuser !

Alors qu'al-Fostat s'emportait, Abd el-Mossoul demeurait impassible.

— Votre patron savait que vous le trahiriez, ajouta Lord Percival, et il a pris les devants. La justice égyptienne s'occupera de vous deux, mais il y a plus grave : je veux parler de l'arme du crime.

Ahmed al-Fostat recula et tenta de s'incruster dans le mur.

— Je ne sais rien.

— Vous avez affirmé que le poignard antique qui a tué Howard Langton était un faux. Pourquoi, monsieur al-Fostat ?

— Je ne sais plus...

— Faites un effort.

Les nerfs de l'Égyptien cédèrent, et il entra dans une violente colère où les jurons se mêlèrent à des formules de malédiction.

— Ça suffit, intervint le commissaire Abdel-Atif. Ou tu te tais, ou c'est Abou qui te ferme la bouche !

La menace porta.

— Ce poignard parfaitement authentique, reprit Lord Percival, provenait de la tombe que vous recherchiez, monsieur al-Fostat. Bien entendu, vous avez tenté de m'en écarter, car le pillage du trésor était votre seul but. L'assassinat de Langton n'était pas prévu dans votre plan, et il l'a même fait voler en éclats.

— Alors... vous admettez que ni moi ni Abd el-Mossoul n'avons poignardé Langton ?

— En effet, puisque c'est l'assassin qui vous a payé pour mentir à propos de l'arme du crime. Et il vous a également promis une forte somme dès que cette affaire serait classée.

Un profond silence succéda à ces déclarations. Angus Dodson retint son souffle.

Lord Percival se dirigea vers la fenêtre du salon et regarda le Nil.

— Que pensez-vous de ma théorie, madame Abletout ?

46.

L'égyptologue française réagit avec vivacité.

— Pourquoi me posez-vous cette question, Lord Percival ?

— Parce que vous avez affirmé qu'il fallait avoir une totale confiance en l'expertise d'Ahmed al-Fostat. Vous espériez que je ne m'apercevrais de rien et que je prendrais cette dague antique pour un faux grossier. Mais votre principal défaut est d'avoir trop de mépris envers les autres et de croire en votre absolue supériorité. Bien que mes connaissances égyptologiques soient limitées, elles sont néanmoins suffisantes pour reconnaître une arme quasiment identique au fameux poignard de Toutankhamon, avec une différence notable : l'inscription hiéroglyphique ITN, à la base de la lame, à savoir le nom du dieu Aton, que vénérait Akhénaton, le pharaon hérétique.

— Tout le monde sait ça ! persifla Albertine Abletout, dédaigneuse.

— D'où pourrait provenir ce petit chef-d'œuvre ? D'une tombe de cette époque, soit celle du pharaon Akhénaton lui-même, dont beaucoup pensent qu'elle reste à découvrir, soit celle d'un de ses dignitaires. Votre thèse, d'ailleurs inachevée, ne portait-elle pas sur les tombes de Mahou et de Merirê ?

La Française s'agrippa aux accoudoirs de son siège.

— Oui, mais...

— Mahou était le chef de la police d'Akhénaton, dans sa capitale de Tell el-Amarna, et Merirê, le grand prêtre du disque solaire, Aton. Or, d'après le témoignage de Domenica Strauss, Howard Langton était sur le point de découvrir une tombe fabuleuse, précisément sur le site de Tell el-Amarna, comme l'indiquaient les recherches d'Abd el-Mossoul et d'Ahmed al-Fostat. Et je suis même certain qu'il l'avait découverte, puisqu'il vous a montré cette dague qui en provenait. Quelle injure pour vous, une spécialiste de ce domaine, qui se voyait ainsi dépassée, voire éclipsée par un jeune et brillant égyptologue ! Non seulement Langton voulait vous faire destituer, mais encore il vous battait sur votre propre terrain... C'en était trop. Vous aviez déjà « tué » beaucoup de savants prometteurs en brisant leur carrière et, cette fois, vous êtes allée beaucoup plus loin en supprimant une vie humaine.

Le commissaire Abdel-Atif était éberlué. Comment l'égyptologue française avait-elle pu aller jusqu'au crime ?

Crispée, Albertine Abletout parvenait néanmoins à garder un semblant de calme.

— Si ce que vous dites est vrai, prouvez-le, Lord Percival.

— C'est Agatha Christie qui vous a perdue, madame. Howard Langton vous avait bien convoquée, comme les autres, à l'Old Cataract, mais c'est vous qui avez suggéré de le rencontrer dans la suite de la romancière, avec l'idée bien arrêtée de lui faire avouer toute la vérité sur ses recherches archéologiques. Aviez-vous prémédité votre crime ? Probablement, mais Langton vous a fourni l'occasion rêvée en vous montrant la dague et en vous offrant la certitude d'un crime parfait qui serait attribué à un voleur professionnel, Abd el-Mossoul. Deux détails démontrent votre attachement à Agatha Christie : comme elle, vous vous habillez en mauve ; comme elle, votre dessert préféré est la tarte aux pommes nappée de crème fraîche, même en Égypte. Et vous avez commis deux erreurs. La première, déposer chez Domenica Strauss un roman d'Agatha Christie et nous mettre sur la piste de cet indice par un message en anglais pour faire accuser votre confrère allemande... mais elle ne lit pas ce genre de romans, et vous l'ignoriez. La seconde erreur, inventer le personnage de l'homme armé d'un fusil qui vous aurait agressée pendant la nuit. En fait, il s'agit du fameux spectre qui effrayait Agatha Christie en la menaçant dans ses rêves. Au fond, madame Abletout, vous avez été, comme votre modèle littéraire, victime de la malédiction d'Akhénaton. Agatha Christie s'était intéressée à lui au point de lui consacrer une pièce de théâtre qui fut un échec ; et ce pharaon ne vous a pas davantage porté chance.

— Vous vous trompez, Lord Percival... Je n'ai pas assassiné Howard Langton !

— Vous n'avez pas manié la dague, en effet. Car vous aviez pris soin de vous faire accompagner de votre âme damnée, Villabert Glotoni, qui haïssait autant Langton qu'il vous vénérait. C'est sur votre ordre, d'ailleurs, que Glotoni nous a suivis à Tell el-Amarna pour voir si nous avions repéré l'emplacement de la tombe inédite.

Lord Percival planta son regard dans celui de Villabert Glotoni, visiblement affolé.

— Howard Langton savait qui vous étiez et il se méfiait de vous. Vous, l'auteur d'un travail sur les *ouchebtis*, ces figurines magiques chargées de travailler à la place du défunt dans l'autre monde, et dont il est question au chapitre 6 du *Livre des morts*. Howard Langton avait précisément étudié ce texte pour mettre en relief votre incompétence et il avait ajouté la mention : « Attention ! » Hélas ! il ne s'est pas montré assez vigilant... Mais pouvait-il prévoir que vous le frapperiez dans le dos, avec la dague antique qu'il venait de confier à Mme Abletout pour qu'elle constate son authenticité ?

La grosse tête carrée de Villabert Glotoni ne cessait plus de dodeliner.

— Vous... Vous n'avez pas le droit de m'accuser ainsi !

— Après notre première entrevue, poursuivit Lord Percival, vous avez pris peur et décidé de me donner un sérieux avertissement en décochant une flèche destinée à me blesser et à me faire croire que j'avais été empoisonné. Le docteur Qerry m'avait révélé que vous collectionniez des poignards africains et des flèches de ce type-là, et vous avez eu le culot — ou la bêtise — de m'en montrer sur le marché d'Assouan. Avec votre suffisance innée, vous étiez persuadé que j'aurais peur et que j'abandonnerais l'enquête.

Glotoni était blême.

Le regard du châtelain se fit incisif.

— Vous avez obéi à votre patronne en supprimant Langton et vous, l'amateur de produits exotiques que vous achetez sur les marchés, avez imprégné d'aromates le col de la chemise de votre victime pour faire accuser Domenica Strauss, spécialiste des parfums égyptiens. Une machination morbide qui vous a trahi, Glotoni, car l'on a retrouvé les traces de votre parfum à l'essence de rose sur ce col de chemise.

Les narines du Français se dilatèrent, et il pointa l'index vers Albertine Abletout.

— C'est elle qui a tout organisé, elle qui m'a obligé à poignarder Langton, elle qui...

L'égyptologue au tailleur mauve gifla Glotoni et, avec une vivacité surprenante, tenta de s'enfuir.

Mais elle se heurta au géant nubien Abou, hiératique comme un colosse de l'ancienne Égypte.

Épilogue

Lord Percival passait une merveilleuse journée. Domenica Strauss lui avait fait visiter toutes les tombes de la rive ouest d'Assouan en traduisant les textes hiéroglyphiques qui évoquaient la destinée fabuleuse des explorateurs du Grand Sud dont l'âme survivait dans ces demeures d'éternité. Accablé par la chaleur, Angus Dodson éprouvait de plus en plus de difficultés à suivre le châtelain.

Lorsque la lumière du couchant contraignit l'égyptologue à s'interrompre, le superintendant s'assit sur un muret, rêvant au pavé mouillé de la capitale britannique et à une pinte de stout ale dégustée dans un pub traditionnel.

— Comment vous remercier, mademoiselle ? demanda l'Écossais. Vous avez fait revivre ce monde merveilleux avec tellement de talent !

— Et vous, Lord Percival, vous avez élucidé tant d'énigmes... N'auriez-vous pas découvert l'emplacement de cette tombe qui a provoqué tant de drames ?

— Seul un archéologue confirmé y parviendra. Et puis toutes les découvertes ne sont pas bonnes à faire... Les momies ne méritent-elles pas de reposer en paix ?

— Ce n'est pas une attitude très scientifique !

— Permettez-moi de vous souhaiter un long séjour en Égypte, mademoiselle, et d'y vivre tous les bonheurs.

Domenica Strauss sourit, émue.

— L'Égypte est un pays mystérieux, Lord Percival, mais tout finit par se savoir. C'est pourquoi j'ai appris que vous aviez offert une importante somme d'argent à Abou pour qu'il puisse aider ses frères nubiens en difficulté. Lui est trop fier pour vous remercier. Moi, en revanche...

— À quoi servirait la fortune, mademoiselle, si elle ne donnait pas un peu de bonheur ?

— Puisque vous regagnez l'Écosse dès demain, je vous laisse profiter de votre dernier coucher de soleil sur le Nil.

Dans la felouque qui ramenait Lord Percival et Angus Dodson à l'Old Cataract, le superintendant osa poser les deux questions qui lui brûlaient les lèvres.

— Les traces du parfum de Glotoni sur le col de la chemise de la victime... Est-ce le légiste qui vous a communiqué cette information ou bien le commissaire Abdel-Atif ?

— Ni l'un ni l'autre, mon cher Dodson, mais n'était-ce pas une certitude ? Si vous aviez disposé des services du laboratoire de Scotland Yard, cette preuve vous aurait été apportée sans délai. J'ai donc eu l'impression de bénéficier de votre caution morale.

Comme le redoutait Angus Dodson, l'Écossais avait pris ses aises avec la stricte procédure.

À Londres, le superintendant aurait émis, au moins pour la forme, une vigoureuse protestation, mais ici... Et puis une seconde interrogation l'obsédait.

— Dites-moi, Lord Percival... Quel est votre secret contre la chaleur ? Même quand nous grimpions des pentes raides, pas une seule goutte de sueur ne perlait à votre front !

— Le secret réside dans le chapeau, avoua l'Écossais. Je dois cette invention à l'un de mes ancêtres qui fut explorateur en Afrique et ne supportait pas la canicule.

À l'avant du couvre-chef à large bord avait été installé un minuscule ventilateur, parfaitement silencieux, qui rafraîchissait en permanence le crâne de son heureux propriétaire.

Et le soleil s'éteignit dans la montagne d'Occident pour préparer sa résurrection, pendant qu'une nuit paisible s'étendait sur Assouan. La déesse du ciel ne tarderait plus à transformer en lumière l'âme d'Howard Langton.

Photocomposition : COMPOS JULIOT – PARIS

Achevé d'imprimer en juin 2000
sur presse Cameron
par ***Bussière Camedan Imprimeries***
à Saint-Amand-Montrond (Cher)

Édition exclusivement réservée
aux adhérents du Club
Le Grand Livre du Mois
15, rue des Sablons
75116 Paris
réalisée avec l'aimable autorisation des éditions Laffont

N° d'impression : 003030/4.
Dépôt légal : avril 1998.

Imprimé en France